Schirner
Verlag

Der Autor

Paul Ferrini ist Autor zahlreicher Bücher, deren Ziel es ist, emotionale Wunden zu heilen und eine Spiritualität in den Alltag zu integrieren, die den wahren Herausforderungen des täglichen Lebens gewachsen ist. Sein Werk spricht direkt zum Herzen, da es aus eigener Erfahrung erwuchs. So erklärt sich die Kraft, die daraus auf den Leser übergeht und ihn befähigt, Angst und Scham zu überwinden, um seinen Mitmenschen anschließend als der, der er wirklich ist, gegenüberzutreten.

Das Buch

Aus der Tiefe des Herzens – Vergebung entdecken, erlernen, erleben bietet uns einen Lernprozeß, durch den wir die um das Ego kreisende Suche nach Vollkommenheit überwinden und die innere Schönheit, Führung und Gnade erkennen können, die unser Leben bereits durchdringen. Wir lernen, andere zu respektieren, aber auch gesunde Grenzen zu ziehen, die Manipulation und Co-Abhängigkeit verhindern. Vor allem ermöglicht es uns, zu entdecken, wie wir in jedem Augenblick Vergebung üben und damit in uns den Ort des Friedens finden können.

Paul Ferrini

Aus der Tiefe des Herzens

Vergebung
entdecken, erlernen, erleben

aus dem Amerikanischen von
Momo Edel

Schirner Verlag

ISBN 3-89767-092-5

Titel im Original: The Twelve Steps of Forgiveness

Erste Auflage

Satz & Umschlag: Kirsten Glück
Herstellung: Reyhani Druck + Verlag, Darmstadt
Printed in Germany

Inhaltsverzeichnis

Prüfungen sind nur Lektionen,
die du noch nicht gelernt hast
und die dir nun wieder vorgesetzt werden,
damit du dort, wo du dich schon einmal
falsch entschieden hast,
eine bessere Entscheidung treffen kannst,
um damit den Schmerzen zu entfliehen,
die dir deine frühere Wahl
eingebracht haben.

A COURSE IN MIRACLES*

(dt. *Ein Kurs in Wundern*. Gutach, 1994)

Vorwort

Dieses Buch umfaßt zwölf Arbeitsschritte, die dir helfen sollen, dein Leben nicht mehr angsterfüllt, sondern von Liebe durchdrungen wahrzunehmen. Die Arbeit mit diesen Schritten führt dich zwar nicht in ein angstfreies Dasein, aber sie kann dir helfen, auftretende Ängste zu überwinden.

Die Übungen basieren auf vier Grundsätzen. Menschen, denen es schwerfällt, den gesamten Prozeß zu verinnerlichen, können die Grundsätze als verkürzte Version der zwölf Schritte nutzen. Das Anwenden der Grundsätze führt von selbst zur Umsetzung aller zwölf Schritte.

Arbeite ruhig an jedem der Grundsätze oder einem der Schritte, der dir als wichtige Herausforderung erscheint. Denke daran, daß es nicht darauf ankommt, wie viele Schritte du übst, sondern darauf, wie intensiv du sie übst. In jedem einzelnen Schritt sind alle anderen enthalten.

Dieses Buch ist ein Arbeitsbuch. Wenn du den Prozeß als Mittel zur inneren Wandlung nutzen willst, solltest du täglich, stündlich, ja in jedem Augenblick daran arbeiten. Du wirst feststellen, daß du aus der Anwendung dieser spirituellen Übung genauso viel Gewinn ziehst, wie du in sie investierst.

Die Arbeit an den zwölf Schritten ist kein intellektueller Vorgang. Sie bedarf nur einer geringen oder gar keiner Analyse. Diese Arbeit setzt lediglich deine Bereitschaft voraus, dich an die zwölf Schritte zu erinnern, wenn du einmal deinen inneren Frieden verlierst. Mehr ist nicht nötig.

Dieser Prozeß führt dich zu deiner inneren Wahrheit. Er erinnert dich einfach an das, was du längst weißt und für einen Augenblick vergessen hattest.

Mit Hilfe der zwölf Schritte kannst du die Illusion von der Getrenntheit, die du in deinen Gedanken oder Beziehungen erzeugst, auflösen. Mit ihnen kannst du falsche Überzeugungen, die du von dir und anderen hegtest, auflösen. Sie gleichen Schuld- und Schamgefühle aus. Sie geben dich dir selbst, deinen Mitmenschen und dem Göttlichen zurück. Es ist eine fortwährende Arbeit am All-eins-sein.

Die Entscheidung zwischen Liebe und Angst können wir in jedem Augenblick treffen. Hier beginnt der Friedensprozeß. Ohne inneren Frieden bleibt der Friede auf Erden nur ein leerer Wunsch. Frieden dehnt sich aus wie die Liebe. Er kann nicht von außen in die Herzen gelangen, sondern muß von einem Herzen zum anderen getragen werden und so die Herzen der gesamten Menschheit erreichen. So funktioniert das System der zwölf Schritte. Ich schließe dich in mein Glück und meine Liebe ein, während wir diese Reise gemeinsam unternehmen.

Namaste*
Paul Ferrini

---

*(Sanskr. für „Ich erkenne das göttliche Licht in dir." Anm. des Verlages)

Einleitung

Die vier Säulen der Vergebung

Vergebung ist ein Begriff, den nur wenige von uns verstehen. Wir glauben, die größte Herausforderung liege darin, anderen das zu vergeben, was sie uns angetan haben. Aber das ist der geringste Teil.

Wenn du dir bereits selbst vergeben hast, ist es leicht, anderen zu vergeben. Hast du dir selbst noch nicht vergeben, kannst du unmöglich anderen vergeben. Der Prozeß der Vergebung beginnt in deinem eigenen Herzen und betrifft andere nur am Rande.

Wenn ich mir selbst vergebe, fällt es mir nicht schwer, dir zu vergeben. Wenn ich den Dorn der Schuld- und Schamgefühle aus meinem Herzen ziehen kann, kann ich dir dieses Geschenk anbieten. Wenn ich meine eigene Unschuld erkennen kann, erkenne ich auch die deine.

Die meisten von uns versuchen, sich vor der Vergebung zu drücken. Wir versuchen, anderen zu vergeben, bevor wir uns selbst vergeben haben. Dadurch entsteht ein echtes Problem. Denn nicht jeder möchte, daß ihm vergeben wird. Manche Leute weigern sich, Vergebung zu erhalten. Manche Leute weigern sich sogar zu glauben, daß sie schuldig sind!

Hast du jemals versucht, jemandem etwas zu vergeben, der sich keiner Schuld bewußt war? Es ist unmöglich! Egal wie sehr du dich bemühst, er wird es nicht zulassen.

Dann gibt es noch die Leute, die sich andauernd schuldig fühlen. Sie kommen zu dir und bitten dich um Entschuldigung, aber du kannst dich nicht dazu überwinden, ihnen zu verzeihen.

Selbst wenn dir bewußt wird, daß eigentlich du Vergebung brauchst, kannst du die Sache immer noch falsch angehen. Du kannst jemand anderen bitten, dir zu vergeben, einen Freund vielleicht, einen Priester oder Seelsorger, vielleicht sogar Gott. Aber auch das funktioniert nicht. Dir können Hunderte von Menschen vergeben haben, dir mag sogar vom göttlichen Recht vergeben worden sein, aber all das bedeutet nichts, wenn du dir selbst nicht verziehen hast.

Diesen Prozeß können wir einfach nicht von außen angehen, denn wenn wir dies tun, schleichen wir nur wie die Katze um den heißen Brei und verbrennen uns die Pfoten. Die Tür zu unserem Herzen bleibt verschlossen. Diese Tür öffnet sich nur, wenn uns klar wird, daß wir selbst uns nicht gut fühlen. Wir fühlen uns schuldig. Wir greifen an und rechtfertigen diesen Angriff. Wir sind diejenigen, die Vergebung brauchen, und kein anderer kann sie uns geben.

Daher lautet der erste Grundsatz: Vergebung muß aus dem Inneren kommen. Wir müssen sie erst selbst fühlen, bevor wir sie anderen gewähren können.

Der zweite Grundsatz lautet: Vergebung ist weder an Bedingungen geknüpft, noch kann sie teilweise gewährt werden. Vergebung ist ein Akt unseres ganzen Seins mit vollem Herzen. Sie erlöst uns von Bürden und Schmerzen. Um Vergebung läßt sich nicht feilschen. Und doch versuchen wir genau das zu tun:

„Ich vergebe mir, wenn ich diese Stelle bekomme oder diese Beziehung funktioniert", oder: „Ich verzeihe dir, wenn du dich bei mir entschuldigst", oder: „Ich vergebe dir, aber ihm verzeihe ich nicht."

Solange wir versuchen, einen Teil unseres Angriffs zu rechtfertigen, vergeben wir nicht. Eine halbe Vergebung ist sogar eine versteckte Form des Angriffs!

Vergebung geschieht bedingungslos und unvoreingenommen. Sie führt mich aus der Vergangenheit in die Zukunft. Sie führt mich aus der selbst auferlegten Illusion des „Gefühls der Einsamkeit" in ein offenes, fühlendes Bewußtsein, in dem Nähe beständig möglich ist.

Wenn ich vergebe, akzeptiere ich die Vergangenheit und die Urteile, die ich früher über mich und andere gefällt habe, ohne diese mit der Gegenwart oder Zukunft in Verbindung zu bringen. Wenn ich die Urteile mitnehme, stehe ich dazu und lasse sie los.

Vielleicht habe ich Grund zur Klage, aber ich halte nicht daran fest. Ich verstehe, daß mein Kummer aus Angst geboren wird, und ich gestatte ihm, sich von selbst aufzulösen, indem ich meine Angst überwinde und lerne, wieder zu vertrauen.

Ich muß nicht vollkommen sein, um zu vergeben, weil Vergebung in meinem Leben ein fortlaufender Prozeß ist. Ich vergebe und urteile und vergebe erneut. Ich höre niemals auf, mir selbst und anderen zu vergeben.

In einer Erzählung von Samuel Beckett lutscht ein Mann Steine. Er lutscht an einem Stein, steckt ihn in seine Tasche und lutscht dann an einem anderen Stein. Er entwickelt einen ausgeklügelten Plan, damit jeder Stein die gleiche Aufmerksamkeit erhält, bis er sie schließlich voller Wut alle wegwirft.

Auch wenn wir es nicht merken, heben auch

wir auf unserem Weg Steine auf, stecken sie in unsere Taschen und schleppen sie mit uns herum. Sie sind, wie es Urteile so an sich haben, eine unnötige Last. Dennoch behalten wir sie, bis wir bereit sind, sie aufzugeben. Wir behalten unsere Urteile bis wir erkennen, wie absurd die Abläufe von Schuld und Angriff sind.

Die vier Säulen der Vergebung

1 ➤ *Vergebung beginnt in unserem Herzen. Nur wenn wir uns selbst vergeben haben, können wir anderen Vergebung gewähren oder sie von ihnen erhalten.*

2 ➤ *Vergebung erfolgt bedingungslos, auch wenn wir uns häufig anders verhalten.*

3 ➤ *Vergebung ist ein fortlaufender Prozeß. Sie erfolgt als Reaktion auf jedes Urteil, das wir über uns selbst oder andere fällen.*

4 ➤ *Jede Geste der Vergebung ist ausreichend. Das, was wir tun können, ist genug. Diese Erkenntnis ermöglicht es uns, Vergebung mit Vergebung auszuüben.*

Wir müssen also geduldig sein. Vergebung erfolgt oft nicht vollständig. Manchmal werfen wir ein Steinchen nach dem anderen fort. Manchmal poltern sie uns alle gleichzeitig auf die Füße. Es gibt keinen falschen oder richtigen Weg. Was wir auch erleben, es ist in Ordnung.

Mir gefällt das Gleichnis von Beckett viel besser als Camus' Sinnbild in *Der Mythos von Sisyphos*. Erinnerst du dich? Der arme Kerl wälzt den Stein immer wieder den Berg hinauf und wenn er die Spitze beinahe erreicht hat, rollt der Stein herab, und er muß wieder von vorne beginnen.

Natürlich scheint manchmal alles sinnlos zu sein. Wir geben unser Bestes und bekommen doch vier Jahre lang immer wieder dieselbe Lektion um die Ohren geschlagen. Seltsamerweise hat das Gleichnis keine Bedeutung mehr, wenn wir dann endlich loslassen. Wir sind damit zufrieden, den großen Stein, den wir den Berg hinaufgeschoben haben, im Graben liegen zu lassen. Oder wir sind froh, die kleinen Steinchen in den Sand fallenzulassen. Es ist beides das gleiche.

Bürden müssen abgeworfen werden. Es liegt in ihrer Natur, daß sie getragen werden. Und es liegt ebenso in ihrer Natur, abgeworfen zu werden. Wir erhalten unsere Lektionen so lange, wie wir sie brauchen. Sag das einmal Sisyphos oder dem alten Hiob. Sie würden nichts davon hören wollen.

Wir wollen auch nichts davon hören. Heute geht es um ein Problem bei der Arbeit, morgen ist es ein Problem mit dem Ehepartner oder den Kindern. Es hört niemals auf, stimmt's?

Richtig! Probleme entstehen immer wieder. Wir können es nicht verhindern. Wir können die äußere Form unseres Lebens nicht in Ordnung bringen, egal wie gut wir im Haushalt sind. Immer läßt irgend jemand ein Ei auf den frisch gesaugten Teppich fallen. Irgend jemand kleckert immer mit Soße.

Was wäre das Leben ohne Soßenflecken? Sei ehrlich. Würdest du dieses schräge, verwirrende Abenteuer des Lebens gegen geordnete Langeweile eintauschen? Würdest du dich für Unbeweglichkeit entscheiden, wenn das ein Leben ohne Schmerz und Humor, ohne Anstrengungen und Lernerfahrungen bedeutete?

Sei ehrlich. Hier gibt es etwas, das es sich zu bewahren lohnt. Unter den Hundehaufen wächst das Gras. Es gibt Sonne und Schatten und Flüsse, die strömen. Unter dem Schmerz befindet sich Liebe. Und diese Liebe wünschen wir uns.

Dieses Buch handelt davon, den Schmerz zu überwinden, um zur Liebe zu gelangen, vom Durchleben des Dunkels, um an das Licht zu gelangen. Wir sagen nicht, daß du die Dunkelheit ignorieren sollst. Wir meinen nicht, daß du das Licht vergessen sollst. Wir meinen, daß sie zusammengehören. Nimm dich selbst mit all deinen Gegensätzen an. Darum geht es auf dieser Reise der Heilung.

Warum brauchen wir Vergebung? Weil sich jeder von uns selbst verurteilt hat. Und jeder von uns hat versucht, sich diesem Selbsthaß zu entziehen, indem er die Verantwortung für seine Probleme auf andere abwälzte.

Aber das funktioniert nicht. Selbsthaß bleibt Selbsthaß, auch wenn man andere Leute miteinbezieht. Andere anzugreifen oder sich gegen den Angriff anderer zu verteidigen vermindert nicht das tiefsitzende Urteil über uns selbst. Tief in unserem Inneren ist jeder von uns ein verletztes Kind, das Heilung braucht.

Der Prozeß der Vergebung bietet diesem Kind die Möglichkeit der Heilung. Es ist ein Prozeß, der ein Leben lang andauert, eben genau so lange, wie wir uns selbst und andere beurteilen.

Wir können nicht direkt aufhören zu urteilen, aber wir können lernen, wo uns Beurteilungen verletzen. Indem wir uns selbst akzeptieren, bringen wir Liebe zu den verwundeten Stellen in unserem Inneren.

Jedesmal, wenn wir etwas akzeptieren, wird eine Bewertung neutralisiert. Jedesmal, wenn wir etwas annehmen, öffnet sich unser Herz für die Liebe. Und Liebe heilt alle Wunden.

Im Leben ergeben sich viele Situationen und

viele Beziehungen. Jede davon birgt die Möglichkeit, sich für die Angst oder für die Liebe zu entscheiden. Wenn wir die Liebe wählen, ist das ein Segen für uns selbst und andere. Wenn wir uns für die Angst entscheiden, ist das Ausdruck unserer verzweifelten Sehnsucht nach Liebe. Jeder scheinbare Angriff ist ein Schrei nach Liebe. Jede Lebenskrise ist ein Ruf nach Heilung.

Kein Gedanke und keine Handlung, egal wie schlecht sie ist, verdammt uns zu ewigem Leid. Denn genau in diesem Augenblick können wir eine neue Entscheidung treffen.

Wenn Jesus genau die Menschen lieben konnte, die Nägel in seinen Körper schlugen, wenn er das Gesicht Christi in ihnen erkennen konnte, ist es uns dann unmöglich, es ebenfalls in den Gesichtern zu erblicken? Das Leben von Jesus ist eine bedeutende Lehre für uns, nicht nur, weil sie uns das Licht zeigt, sondern auch, weil sie uns zeigt, wie wir Licht in die Dunkelheit bringen können.

Jesus sagte uns nicht, daß wir unsere Angst

verleugnen sollten. Er zeigte uns, wie wir sie überwinden können. Glaube nicht, daß ihm Versuchungen und Zweifel fremd waren. Er verbrachte vierzig Tage in der Wüste. Ans Kreuz geschlagen rief er aus: „Mein Gott, warum hast du mich verlassen?" Er war menschlich. Er besaß einen Körper. Er spürte Schmerzen.

Wir können nicht behaupten, daß er die Tiefen des Leidens nicht kannte. Er kannte sie. Aber im Angesicht all dessen entschied er sich für Liebe und Vergebung. Deshalb ist er ein so machtvoller Lehrer für uns.

Aber dieses Buch handelt nicht von Jesus' Besonderheit oder der eines anderen Menschen. Es geht um den Prozeß, den jeder von uns durchlaufen muß, um die Quelle des Friedens zu finden. Dabei lernen wir von jedem Menschen, der diesen Weg mit uns beschreitet.

Erster Grundsatz

Die Verantwortung für den inneren Frieden übernehmen

Wenn du die Verantwortung für deinen inneren Frieden übernimmst, begreifst du, daß du selbst die Ursache all deiner Gedanken und Gefühle bist. Andere Menschen scheinen auf dein Glück oder deine Traurigkeit einzuwirken, aber die Vorstellung, daß sie in irgendeiner Form für dein Leben verantwortlich sind, ist nur Schein, eine Verzerrung der Oberfläche, welche den wahren Kern verdeckt. Diese Selbsttäuschung beschreibt das Buch *A Course in Miracles* (Ein Kurs in Wundern). Es ist nicht die echte Wirklichkeit.

Natürlich neigt jeder von uns dazu, außerhalb von sich nach Befriedigung zu suchen. Und wir neigen auch dazu, anderen die Schuld an unseren Problemen zu geben. Wenn wir die Quelle der

*(*A Course in Miracles* ist ein besonderer Lebensweg, der auf S. 182/183 näher beschrieben wird; Anm. d. Ü.)

Freude oder die Quelle der Vergebung im Äußeren suchen, führt das unweigerlich zu Enttäuschungen. Keine der beiden existiert außerhalb unserer Herzen und Köpfe.

Wenn ich in meinem Inneren Freude finde, so ist diese Freude bedingungslos. Sie hängt nicht davon ab, ob andere Menschen mit mir zusammenleben. Sie hängt nicht davon ab, ob andere mich lieben. Sie hängt noch nicht einmal davon ab, ob andere Menschen mich mögen oder fair behandeln. Meine Freude entsteht aus der tiefen Zuversicht, daß ich weiß: „Ich bin in Ordnung, so wie ich bin." Es ist die existentielle Bestätigung meines Wesens, die ich mir nur selbst geben kann.

Wenn ich mir vergebe, findet in meinem Inneren die einzige Veränderung statt, die in meinem Leben nötig ist. Ich muß nicht versuchen, dich zu ändern. Ich muß die äußeren Umstände meines Lebens nicht verändern. Mir selbst zu vergeben, bewirkt Erlösung, weil es ohne Bedingungen geschieht. Ich sage einfach: „Ich erkenne meinen

Fehler, und ich lerne daraus. Ich bin nicht verurteilt, weil ich einen Fehler gemacht habe. Ich nehme die Lektion an und höre auf zu urteilen."

Im Leben gibt es keine Konfliktsituation, in der ich nicht dadurch Frieden finden könnte, daß ich mir selbst vergebe. Anderen zu vergeben bleibt immer oberflächlich. Selbstvergebung geht tiefer. Sie wird zu einem Weg, bei dem ich in diesem Augenblick die Verantwortung für mein Leben übernehme.

Genau gesagt stehen uns nur drei Bewußtseinsebenen zur Verfügung. Eine Ebene ist die Liebe, die ewig und bedingungslos ist. Eine weitere ist die Angst, die vorübergehend ist und an Bedingungen geknüpft. Und der letzte Bewußtseinszustand ist die Vergebung, die eine Brücke von der Selbsttäuschung durch die Angst zur Wirklichkeit der Liebe spannt.

Indem ich mich von der Angst zur Liebe hinbewege, erkenne ich die Angst, wenn sie aufkommt, und kann sie überwinden. Das bedeutet, daß ich erkennen kann, wann ich anfange, etwas zu bewerten und diese Werturteile überwinden kann. Das bedeutet, daß ich meine Sehnsucht nach Liebe wahrnehmen kann und lerne, darauf zu reagieren.

Einige Etappen dieser Reise sind von Natur aus einsam. Es geht darum, meine grundlegende Verantwortung für alles, was in meinem Leben geschieht, zu erkennen. Es geht darum, mich selbst von Grund auf anzunehmen. Solange ich das nicht getan habe, kann ich mit meinen Mitmenschen keinen Frieden schließen, kann ich keinen Frieden mit Gott schließen.

Daher besteht die erste grundlegende Handlung des Drei-Phasen-Prozesses der Selbstvergebung darin, sich selbst zu akzeptieren. Das bedeutet Selbstvergebung. Das bedeutet Eigenverantwortung. Das heißt, mein Leben in seiner Gesamtheit, so wie es ist, ganz ohne Wertung, in Besitz zu nehmen. Es bedeutet, mich in jedem Augenblick selbst zu lieben. Mich selbst zu versorgen.

Erster Schritt

Die Angst erkennen

Wir treten unsere gemeinsame Reise an, indem wir die Angst, die Traurigkeit, den Schmerz, die Verletzung, die Einschränkung, den Neid, den Ärger, das Gefühl der Getrenntheit anerkennen. Wir versuchen nicht, diese Gefühle zu rechtfertigen oder sie zu verurteilen. Wir erlauben uns einfach, uns ihres Vorhandenseins bewußt zu sein. Der folgende Ablauf kann uns helfen, bei unseren Gefühlen zu bleiben, ohne vor ihnen davonzulaufen (sie zu verleugnen) oder sie nach außen zu verlagern (indem wir sie projizieren).

- Wir erkennen das Gefühl.
- Wir rechtfertigen und verurteilen das Gefühl nicht.
- Wir akzeptieren das Gefühl und erlauben uns, so zu fühlen.

- Wir erlauben dem Gefühl, zu uns zu sprechen.
- Wir halten diese innere Kommunikation in Ehren.
- Wir übernehmen die Verantwortung für das Gefühl (zum Beispiel „Ich bin verletzt, ärgerlich, traurig etc.).
- Wir verweigern jede Neigung, jemand anderen für unsere Gefühle verantwortlich zu machen. Wir bleiben in dem Gefühl.
- Wir weigern uns, das Gefühl theoretisch zu betrachten. Es ist unwichtig, „warum" wir uns so fühlen.
- Wenn wir in dem Gefühl bleiben, wird uns bewußt, daß wir im Augenblick nicht besonders liebevoll zu uns selbst und zu anderen sind.
- Wir gestatten dieser Erkenntnis, sich zu vertiefen und bleiben in dem Gefühl, bis es sich verändert.

Es ist wichtig zu erkennen, daß jedes negative Gefühl durch das Gefühl mangelnder Liebe entsteht. Letzten Endes muß diese Liebe aus dem Inneren fließen. Deshalb wollen wir nicht das betrachten, was außerhalb von uns geschieht. Wir wollen uns nicht von dem Gefühl entfernen, sondern uns einfühlen. Wir wollen uns der Tatsache stellen, daß wir uns Liebe wünschen, uns aber ungeliebt und nicht liebevoll fühlen. Wir wollen in dieser Leere, diesem scheinbaren Mangel verharren.

Wenn wir in der Leere bleiben, hilft uns das, diese zu überwinden. Es hilft uns, diese zu verstehen und darüberzustehen. So finden wir die Liebe, von der wir glauben, daß sie uns fehlt.

Die Liebe strömt aus einer Quelle, deren Ursprung tief im Herzen liegt, so tief wie unser Leiden. Die göttliche Mutter verbirgt sich in der Dunkelheit. Wir müssen in diesen Abgrund gehen, um sie zu finden. Wir müssen durch unsere Angst, unsere Wut und unsere Scham hindurchgehen, um ihre bedingungslose Liebe spüren zu können.

Das ist unser Abstieg. Er macht die Hälfte unserer Reise aus. Wir können keine Liebe annehmen, wenn wir unsere Angst und unser Gefühl des Abgeschnittenseins nicht gespürt haben. Wir müssen uns mit unseren Gefühlen abfinden.

Vorzugeben, wir seien nicht verärgert, wenn wir es sind, ist vollkommener Unsinn. Und doch verhalten wir uns ständig so.

„Ich bin nicht verstimmt." (Verneinung)

„Du bist verstimmt." (Projektion)

Warum fällt es mir so schwer, mir selbst oder dir gegenüber zuzugeben, daß ich verstimmt bin, ja daß ich in diesem Augenblick von Angst überwältigt werde. Glaube ich etwa, ich sei der einzige, dem so etwas widerfährt?

Scheinbar glaube ich das. Scheinbar glaubst du es auch. Anscheinend versuchen wir beide, einander zu beeindrucken, wo wir doch eigentlich eine feste Umarmung bräuchten.

Einer von uns müßte einfach nur den Mut haben zu sagen: „Mensch, ich habe jetzt wirklich Angst", und der andere würde wahrscheinlich antworten: „Ich auch."

Aber ich gehe davon aus, daß er sagen würde:

„Das habe ich dir doch gleich gesagt, du Narr; es ist alles deine Schuld.“ Und deshalb sage ich nicht, wie ich mich fühle.

Es ist also immer schwer, sich gegenseitig aus dem Leugnen zu befreien. Leugnen ist die Ursache von Selbsttäuschung. Ein Fundament, das auf Sand gebaut wurde. Alles beginnt mit einer simplen falschen Wahrnehmung und endet mit einem tiefen Mißverständnis.

Sobald es einen ersten Angriff gegeben hat, werden weitere folgen, und jeder wird seinen Angriff als Verteidigung rechtfertigen. Der Turm zu Babel entstand aus ängstlichen Vermutungen.

Wir sind uns also bewußt, daß wir uns fürchten, denn das Leugnen der eigenen Angst ist der Punkt, wo die Selbsttäuschung Fuß fassen kann. Alle Unstimmigkeit in der Welt rührt von dieser gedanklichen Verneinung her.

Wenn wir unsere Angst spüren und annehmen, erleben wir einen Augenblick vollkommener Gleichheit mit all unseren Mitmenschen. Es ist der Augenblick, in dem wir alle unschuldig sind, uns frei entscheiden können und uns gegenseitig unterstützen.

Diesen Augenblick können wir immer wieder erleben. Wir begreifen, daß es sich bei jeder Entscheidung um eine Entscheidung zwischen Liebe und Angst handelt. Aber wir erhalten keinen Zugang zu unserer Liebe, wenn wir unsere Angst nicht anerkennen.

Wenn du die einzelnen Schritte in diesem Buch erarbeitest, wirst du feststellen, daß sich das Gleichgewicht allmählich von der Angst zur Liebe hin verlagert. Doch selbst an diesem Punkt, von dem aus wir alle losgehen, gibt es Liebe.

Mit diesem Schritt überwinden wir die erste Hürde zwischen uns und der allgegenwärtigen Liebe. Nein, diese Hürde besteht nicht aus Angst, sondern aus dem Leugnen der Angst.

Der erste Schritt zur Vergebung besteht darin, uns selbst die Erlaubnis zu geben, die Angst und alle unsere anderen Gefühle wahrzunehmen. Wir können die Angst nicht überwinden, wenn wir uns davor fürchten, sie zu erleben.

Das ist der Augenblick, in dem wir das Kreuz tragen und den Berg hinaufsteigen, wie es unser älterer Bruder getan hat. Wir spüren die Angst, schreiten durch sie hindurch, der Liebe entgegen, deren sanftes Versprechen den Morgen ankündigt.

Zweiter Schritt

Den Wunsch nach Liebe begreifen

Auch wenn ich glaube, daß ich mehr Geld, mehr körperliche Zuwendung, mehr Anerkennung oder eine bessere Gesundheit brauche, so sehne ich mich in Wahrheit nach Liebe.

Alles, was ich mir wirklich wünsche ist, daß ich geliebt werde. Wenn ich mir der Liebe sicher wäre, wäre alles andere in Ordnung. Irgendwie würde ich einen Weg finden, alles Übrige zu akzeptieren und daran zu arbeiten.

Diejenigen von uns, die nach Vollkommenheit strebten, mußten auf bittere Weise lernen, daß es keine Vollkommenheit gibt. Andere Menschen sind nicht dazu da, uns glücklich zu machen. Sie sind dazu da, um uns beim Lernen zu helfen. Hinter diesem Ziel, an das wir uns dunkel erinnern, befindet sich die Erinnerung an eine Liebe, die uns alle zusammenhält.

Wir sind hier, um zu lieben und zu lernen. Wir sind nicht hier, um Liebe und Lernen zu erzwingen, sondern damit das eine wie von selbst zum anderen führt. Wenn eines davon gegenwärtig ist, besteht auch das andere.

Das Leben läuft nicht immer so, wie ich es mir vorstelle. Manchmal möchte ich, daß du mich zufriedenstellst und in meinem Leben bist, um mir beim Aufwachen zu helfen. Du bist hier, um mir zu helfen, daß ich lerne, Verantwortung zu übernehmen. Wir tanzen diesen Tanz, bei dem ich versuche, dich dazu zu bewegen, meine Wünsche zu erfüllen und du mir davontanzt. Ich beginne zu glauben, daß du mich nicht liebst. Ich beginne dich abzulehnen. Ich bin verärgert, weil ich glaube, daß du meine Bedürfnisse absichtlich nicht befriedigst.

Aber du bist nicht dazu da, meine Bedürfnisse zu befriedigen. Du bist hier, um mir meine Bedürfnisse zu zeigen, damit ich selbst lernen kann, sie zu befriedigen. Das ist dein Zweck und wenn du das erreichst, befreist du uns beide.

Ich glaube zwar, daß ich von dir möchte, daß du meine Bedürfnisse befriedigst, aber in Wirklichkeit stimmt das nicht. Ich möchte, daß du deine eigenen Bedürfnisse befriedigst. Ich möchte, daß du glücklich bist. Ich muß einfach nur wissen, daß du mich nicht zurückweist, wenn du dich von mir entfernst. Ich muß einfach nur wissen, daß du mich liebst.

Wenn ich das weiß, möchte ich dir nicht im Weg stehen. Ich werde dir sogar die Tür öffnen und dir alles Gute wünschen. Ich möchte dich nicht gegen deinen Willen zum Bleiben zwingen. Und ich möchte auch nicht gegen meinen Willen gehalten werden.

Ich weiß, daß wir alle die Freiheit der Wahl haben. Ich muß einfach nur wissen, daß du mich noch liebst, egal wofür du dich entscheidest.

Das braucht mein inneres Kind. Und selbst wenn ich älter werde, bleibt dieses Kind in mir. Es wird in meinem Herzen sogar größer und kühner. Es lernt, nach Dingen zu fragen, die es braucht. Es schämt sich nicht länger, danach zu fragen.

Früher war mein inneres Kind gewohnt, sich seinen Weg durch Manipulation, Kontrolle und Nörgelei zu bahnen. Aber das geschah nur, weil ihm niemand zuhörte. Jetzt, da es weiß, daß ich auf es höre, bittet es nur um ganz einfache Dinge: „Ich möchte einfach nur wissen, daß du mich liebst."

In meinem Schmerz, meiner Verwirrung, meiner Verletzung, meiner Traurigkeit muß ich einfach nur wissen, daß ich geliebt werde. Wenn ich geliebt werde, beginnt der Schmerz nachzulassen. Die Trennung wird allmählich überbrückt.

Wenn ich weiß, daß ich geliebt werde, passiert etwas. Aber es kann nicht geschehen, bevor mir nicht klar ist, daß ich Liebe brauche, und ich den Mut finde, darum zu bitten.

Meine Gefühle führen mit mir ein inneres Zwiegespräch und teilen mir mit, daß ich mir selbst und anderen gegenüber nicht liebevoll bin. Ich habe selbst zu viel oder zu wenig Raum eingenommen, habe mir erlaubt, anderen auf die Füße zu treten, oder mir auf die Füße treten zu lassen. Ich fühle mich ungeliebt. Und ich fühle mich nicht liebevoll.

Das muß ich erkennen. Und wenn ich das erkannt habe, muß ich mich entscheiden, daß ich Liebe möchte. Ich kann die Reise der Vergebung nicht fortsetzen, wenn ich mich nicht in diesem Augenblick für die Liebe entscheide.

Wenn ich meinen Schmerz spüre, ist das in Ordnung. Aber meinen Schmerz zu spüren, sagt mir nur, daß ich mich nach Liebe sehne. Wenn ich mich einsam, verärgert, neidisch, schuldig oder traurig fühle, sagt mir das nur, daß ich mir Liebe wünsche.

Wenn ich meine Gefühle nicht rechtfertige und nicht verurteile, führen sie mich unglaublicherweise zu einer Leere, die nur durch Liebe gefüllt werden kann. Und diese Liebe beginnt in meinem eigenen Herzen.

Deine Liebe kann sich damit verbinden, aber ich kann nicht von deiner Liebe abhängig werden. Die Liebe findet Einlaß, wenn ich beginne, mich selbst zu lieben. Und sie findet Einlaß, wenn ich beginne, dich zu lieben.

So hilft mir der zweite Schritt zu erkennen,

daß ich Liebe möchte und mir diese selbst geben kann. Diese Erkenntnis bewirkt den nächsten Schritt.

Dritter Schritt

Die Rücknahme der Projektion

Beim ersten Schritt lernte ich, bei meinen Gefühlen zu bleiben, aber ich neigte dazu, die Ursache für meine Gefühle in dir zu sehen. Im zweiten Schritt lernte ich, daß ich mich nur nach Liebe sehne. Aber ich neigte dazu, mich immer noch nach deiner Liebe zu sehnen.

In meinem alten Verhaltensmuster machte ich dich für meine Gefühle verantwortlich. In meinem alten Verhaltensmuster bat ich dich, die Dinge für mich zu richten, oder versuchte, sie für dich zu richten. Ich beschuldigte dich, mich nicht ausreichend zu lieben, was nur eine andere Form war, dich für mein Bedürfnis nach Liebe verantwortlich zu machen.

Der nächste psychologische Schritt besteht in der Erkenntnis, daß ich mir Liebe wünsche, aber daß ich mich nicht darauf verlassen kann, sie von dir zu bekommen. Vielleicht bekomme ich sie, vielleicht auch nicht. Aber ich kann deine Entscheidung nicht beeinflussen. Wenn ich versuche, dich zu beeinflussen, indem ich dich unter Druck setze oder dafür sorge, daß du dich schuldig fühlst, verringere ich die Möglichkeit, daß du mich wahrhaftig lieben kannst.

Wenn ich deine Liebe möchte, muß ich dich freilassen. Ich muß bereit sein, ohne sie auszukommen. Ich muß bereit sein, Liebe im Inneren zu suchen und nicht im Äußeren.

Das klingt sehr nett, aber es ist viel schwerer, als es sich anhört. Es bedeutet, daß ich in die Dunkelheit in meinem Inneren zurückgehen und das Licht finden muß, das sich dort verbirgt. Ich muß in den dunklen Höhlen meiner Verletztheit nach dem winzigen Licht der Selbstbestätigung suchen, das dort brennt.

Ich hatte geglaubt, diese Sache mit der Vergebung sei viel einfacher. Ich würde einfach erkennen, daß ich mir Liebe wünsche, würde darum bitten, und sie käme wie der Ritter auf dem weißen Pferd angeritten. Nun stelle ich fest, daß auch das eine Selbsttäuschung war.

Stattdessen soll ich mich als Bergarbeiter betätigen, mir Schutzkleidung anziehen und in den Bauch der Erde hinabsteigen, um dort das Licht zu suchen, das ich angeblich besitze. Ich bin mir nicht sicher, ob ich glauben soll, daß es vorhanden ist, und wenn es da ist, bin ich mir nicht sicher, ob ich es finden werde. Ich war entschlossen, so lange es eine Garantie für mich gab, aber nun ist diese Sicherheit verlorengegangen. Ich weiß nicht, ob ich noch so entschlossen bin.

Ich dachte, der Abstieg wäre vorbei. Bitte, habt ein Herz! Kann ich diesen Schritt nicht einfach überspringen und direkt mit dem nächsten weitermachen?

Klingt das vertraut?

Wenn ich nicht das bekomme, was ich möchte, weiß ich nicht, ob ich die Lektion annehme. Hiob hatte dasselbe Problem unter umgekehrten Vorzeichen. Jedesmal, wenn er glaubte, er hätte es nun geschafft, Gott zu gefallen, erhielt er einen weiteren Schlag.

Wir neigen dazu, in der Außenwelt nach Bestätigung zu suchen. Wenn wir diese nicht erhalten, sondern stattdessen neue Prüfungen auf uns zukommen, fühlen wir uns entweder auf verlorenem Posten oder halten uns für dumm, weil wir an eine höhere Macht geglaubt hatten.

Wenn ich um Liebe bitte und du mich liebst, glaube ich, meine spirituelle Arbeit erfüllt zu haben. Ich danke Gott für die Gnade, daß ich in zwei Schritten erreiche, wofür andere zwölf Schritte benötigen.

Vielleicht ist das der Grund, warum die kosmische Uhr nicht immer mit unseren persönlichen Wünschen und Zeitplänen übereinstimmt. Es gibt noch mehr zu tun. Denn eines Tages wird die Außenwelt nicht da sein, um uns Bestätigung zu schenken.

Wir müssen die Wahrheit in unseren eigenen Herzen finden. Wir müssen die Liebe dort finden, wo sie beginnt, und nicht dort, wo sie endet.

Daher werden unsere Wünsche und Pläne manchmal durchkreuzt, vielleicht sogar zerstört. Jedes Ziel, das wir hatten, und alles, woran wir arbeiteten, wird vor unseren Augen vernichtet. Und wir sitzen wie betäubt und sprachlos wie einst Hiob da und fragen „Was verlangst du von mir, Gott?"

Früher bekam man die Antwort: „Sprich fünfzehn Avemaria, küsse hundert Elefantenhintern und hinterlasse eine Spende im Namen des Herrn." In diesem Punkt sind wir heute klüger. Wahrscheinlich hatten wir einfach zu viele Elefantenhaare im Gesicht.

Nach Jim Jones, Rajneesh, Jim Baker, Swami Rama und Werner Erhard sind wir solchen Autoritäten gegenüber glücklicherweise etwas skeptischer geworden. (Nichts gegen diese Männer, sie sind hier, um dasselbe zu lernen, wie wir alle).

Früher oder später stellen wir fest, daß es niemanden gibt, der eine Antwort für uns hat. Aber bevor wir das herausfinden, erhalten wir immer wieder einen Schlag auf das Dritte Auge, oder, je nachdem, auch an eine tiefere Stelle.

Also selbst wenn du mich nicht liebst, bin ich immer noch da. Daran kann ich nichts ändern. Sogar ein Selbstmord könnte das nicht wirklich ändern, denn, egal wo ich bin, ich bin vorhanden. Meine Form spielt dabei keine Rolle. Der Inhalt bestimmt die Form. Und so lange ich die Wirklichkeit falsch wahrnehme, ziehe ich Korrekturen dieser falschen Wahrnehmung an.

Frei zu sein hat nichts damit zu tun, den Körper zu verlassen. Frei zu sein heißt, das loszulassen, was nicht wahr ist. Wenn es nicht im Körper geschieht, kann es nirgends geschehen, denn der Körper ist nur eine Hülle, die kommt und vergeht.

Hier bin ich also. Der einzige Weg, meinem Leben Starthilfe zu geben, ist, es so zu akzeptieren, wie es ist, mich selbst so anzunehmen, wie ich bin, und dich anzunehmen, wie du bist. An diesem Punkt öffnet sich mein Herz. Das ist der Ort, wo die Liebe beginnt.

Wenn ich meine Projektion von dir zurücknehme, verstehe ich, daß alles, was ich an dir mag oder nicht mag, völlig unbedeutend für das ist, was ich hier lernen soll. Wenn ich dich mag, glaube ich, daß du hier bist, um mein Partner oder Gehilfe zu sein. Wenn ich dich nicht mag, glaube ich, daß du hier bist, um mich zu quälen. Beide Gedanken gehören zusammen, es sind zwei verschiedene Seiten des gleichen Spektrums.

Eine Bewegung bewirkt Sehnsucht. Die nächste bewirkt Angst. Die beiden bewegen sich wie eine Schaukel durch unser ganzes Leben. Da die Sehnsucht durch den Glauben an besondere Beziehungen angetrieben wird, basieren alle Formen der Sehnsucht auf der Wahrnehmung eines Mangels.

Etwas fehlt in mir, daher brauche ich dich, um mich damit zu versorgen. Die Grundlage ist also die Angst. Und wenn meinen Sehnsüchten nicht entsprochen wird, werde ich ärgerlich oder bin verletzt. Ich bewege mich weiter im Kreislauf der Angst.

Wir heben Sehnsucht gerne auf eine spirituelle Ebene. Wir sprechen über unsere „Sehnsucht nach Gott“. Das ist ein Trugschluß. Sehnsucht ist immer an Bindung geknüpft, und dabei gibt es keinen Raum für Gott. Gott kommt zu einem leeren Platz, nicht zu einem besetzten.

Die Flamme beginnt in unserem eigenen Herzen zu brennen. Die Beziehung zu Gott beginnt in den Tiefen der Einsamkeit und des Verlangens. Das Bewußtsein von Gottes Gegenwart erreicht uns, wenn wir wissen, daß wir außerhalb von uns keine Befriedigung finden werden.

Ich muß also erkennen, daß du mir nichts geben kannst, was ich nicht schon besitze. Und es gibt auch nichts, was du mir wegnehmen könntest, was ich wirklich besitze.

Alles, was du mir gibst, ist eine Illusion. Alles, was du mir nimmst, ist Täuschung.

Was ich besitze, besitzt auch du. Worüber ich nicht verfüge, darüber verfügst du auch nicht. Das ist das göttliche Gefüge der Schöpfung. Es basiert auf vollkommener Gleichheit. Jede Abweichung von dieser wesentlichen Gleichheit ist eine Verdrehung der Tatsachen, die wir selbst herbeigeführt haben.

Wir können nicht in die Harmonie des göttlichen Planes zurückkehren, wenn wir unsere eigenen falschen Vorstellungen nicht durchschauen. Nur dann können wir erkennen, was wirklich ist.

Es ist eine schwierige Tatsache – aber wir müssen ihr ins Auge sehen, daher können wir ruhig direkt damit beginnen – daß meine einzige angemessene Beziehung zu einem Menschen eine brüderliche bzw. schwesterliche ist. Sei dieser Mensch Jesus oder sei es ein menschenverachtender Diktator. Keiner der beiden ist weniger mein Bruder als der andere.

Der Teil in mir, der den Diktator verurteilt, verurteilt mich und alle meine Mitmenschen für ihre Fehler. Es ist eine Selbsttäuschung: einen Sündenbock zu schaffen und die Verantwortung, die eigenen Schatten ans Licht zu holen, abzulegen.

Der Teil in mir, der Jesus auf ein Podest stellt, ist der Teil, der mich selbst und andere für unzulänglich hält. Ich glaube, daß ich meine Angst nicht mehr überwinden muß, weil Jesus die seine überwand. So ein Unsinn! Gerade weil er seine Furcht überwand, bin ich in der Lage, auch meine Furcht zu überwinden.

Jedesmal, wenn wir einen anderen Menschen erhöhen oder niedermachen, vollziehen wir die elementare, die Wahrheit verdeckende Geste der Ungleichheit. Jedesmal, wenn wir glauben, ein anderer habe die Antwort für uns oder er hindere uns an der Wahrnehmung unserer Möglichkeiten, lassen wir uns täuschen.

Nichts davon ist wirklich. Es gibt immer nur dich und mich. Wir sind gleichwertig, aber nehmen uns nicht oft so wahr. Jedes Abweichen von der Gleichheit ist ein seltsamer und manchmal faszinierender Tanz, der uns immer wieder von Angesicht zu Angesicht an die Ausgangsposition zurückführt.

Ich habe den dritten Schritt endlich erreicht, wenn ich erkenne, daß alles von mir abhängt. Ich bin der Kanal für die Liebe in der Welt. Nur dann wird mein Ruf nach Liebe erhört. Denn wenn ich mich der Liebe öffne, verbreite ich sie und wenn ich sie verbreite, kommt sie zu mir zurück.

Vierter Schritt

Die Verantwortung übernehmen

Die Übernahme der Verantwortung für mein jetziges Leben ermöglicht mir, mich selbst zu lieben. Was mir im Außen begegnet, ist nur eine Spiegelung meines Inneren.

Ich gerate nur dann in Schwierigkeiten, wenn ich mein Leben nicht so akzeptieren kann, wie es ist. Manchmal lehne ich bestimmte Menschen und Situationen ab. Manchmal hänge ich an bestimmten Menschen und Situationen. Sowohl Ablehnung als auch Bindung sind Zeichen fehlender Akzeptanz.

Mein Leben anzunehmen bedeutet nicht, daß es sich nicht verändert. Es wird sich ändern. Manchmal waren die Veränderungen vorauszusehen, manchmal nicht.

Eine Veränderung kommt immer dann, wenn sie gebraucht wird. Aber im Augenblick besteht die

Herausforderung darin, in der Gegenwart zu bleiben. Spüre ich Schmerzen? Gut, dann muß ich in dem Schmerz bleiben. Bin ich traurig? Gut, dann muß ich in der Traurigkeit bleiben.

Im Leben gibt es kein „sollte". Es gibt nur das, was gerade passiert. Und das ist immer ausreichend. Wenn mir etwas als ungenügend oder vielleicht als zuviel erscheint, liegt das an meiner Wahrnehmung.

Unsere Überzeugungen sind nur eine Frage der Betrachtung. Sie bedürfen fast immer der Korrektur, da wir die Dinge zumeist aus dem Blickwinkel der Sehnsucht oder der Angst betrachten.

Eine besonders wichtige spirituelle Übung ist, die Dinge so zu nehmen, wie sie sind, ohne sie zu deuten, zu beschönigen oder zu bewerten. Das verleiht dem Ego augenblicklich einen Strahlenkranz. Stell dir vor, dem Ego zu sagen, daß es nicht werten, vergleichen und deuten soll? Was bleibt ihm dann noch zu tun? Das Ego kann eigentlich nichts anderes.

Daher besteht die Übung darin, das Ego bei seinen Wertungen und Deutungen zu betrachten, und es nicht daran zu hindern. Denn sobald wir damit beginnen, die Wertungen des Egos zu unterbinden, begeben wir uns auf eine neue Ebene der Werturteile.

Wir akzeptieren also die Tatsache, daß das Ego seine Nummer aufführt und betrachten es dabei. Wir sehen das verletzte Kind in uns, das nach Aufmerksamkeit schreit. Es möchte Liebe, aber weiß nicht, wie es darum bitten kann. Und deshalb läßt es uns eben nicht in Ruhe!

Das ist in Ordnung. Hört ihr das? Es ist in Ordnung, im Ego zu sein, weil wir alle im Ego stecken. Neunzig Prozent der Zeit handeln wir aus Sehnsucht oder Angst (Sehnsucht ist, wie bereits gesagt, nur eine andere Form der Angst). Dafür brauchen wir uns nicht zu schämen. Wir alle handeln so.

Wenn wir anerkennen, wo wir sind, können wir die Situation betrachten. Etwas zu betrachten bedeutet, einfach nur anwesend zu sein und dem Verstand bei seinen Kapriolen zuzusehen. Wir müssen seinen Tanz nicht anhalten, bevor er zuende ist. Das Betrachten wird somit zu einer spirituellen Übung, einer Übung des tiefen Mitgefühls mit uns selbst und anderen.

Wir haben, was wir haben. Wir sollen nichts davon entfernen. Und wir sollen auch nichts hinzufügen.

Wir sollen einfach nur dabei sein, bis wir es verstehen. Je mehr wir Sehnsucht und Angst verstehen, desto freier werden wir von ihren Zwängen. Wir müssen nichts dafür tun. Es geschieht einfach von selbst durch unser Üben.

Wir müssen daran denken, daß es nicht unser Ziel ist, die Welt oder uns selbst zu verändern. Unser Ziel ist es, unsere Wahrnehmung zu verändern. Unser Ziel ist es, mit den Augen der Liebe zu schauen und nicht mit den Augen der Furcht. Das schließt eine andere Art des Betrachtens mit ein, eine objektivere Betrachtungsweise, bei der wir nicht an das gebunden sind, was wir sehen.

Das ist eine spirituelle Übung. Es ist eine Übung, die wir mit vielen Traditionen teilen.

Verantwortung zu übernehmen heißt also, mein Leben so zu nehmen, wie es ist. Das heißt, daß ich meine Energie nicht darauf verschwenden darf, die ewige Form meines Lebens zu ändern. Es heißt, daß ich die Motivation zur Veränderung nicht bei anderen suche. Wenn eine Veränderung stattfindet, wird sie von innen kommen. Sie entwickelt sich aus der geduldigen und vollständigen Anwesenheit im Hier und Jetzt.

Die beste Möglichkeit, mit einer negativen Situation umzugehen, ist, nicht davonzulaufen, sondern sie zu überwinden. Sie ist nur deshalb negativ, weil ich vergessen habe, daß wir unschuldig sind. Warum sollte ich mich von meiner Furcht oder der anderer aus der Fassung bringen lassen?

Nichts, was ich sehe, bedeutet das, was ich denke. Nichts von dem, was ich sehe, bedeutet etwas. Angst entsteht durch Deutung in Verbindung mit der Erinnerung an Vergangenes. Aber jeder Augenblick steht für sich und ist frei. In jedem Augenblick kann ich mich neu entscheiden.

Es ist egal, wie viele Fehler ich gemacht habe. Ich trage sie nicht als Ballast mit mir herum, auch wenn ich das glaube. Ich kann in jedem Augenblick frei wählen. Ich bin frei, die Verantwortung für mein Leben zu übernehmen.

Laß mich mit Geduld und Vertrauen weitergehen. Wenn ich einen bestimmten Weg wähle, werde ich herausfinden, wohin er führt. Selbst wenn es sich um eine Sackgasse handelt, habe ich nichts verloren. Kein Weg ist endgültig, doch bringt jeder Weg eine Lektion mit sich, die gelernt werden muß. Wenn alle Lektionen gelernt sind, verschwindet die Notwendigkeit des Weges. Die Notwendigkeit der Form löst sich auf.

Das ist in Ordnung. Ich befinde mich im Ego und erschaffe jeden Augenblick, aus Sehnsucht oder Furcht. So ist es. Ich übernehme dafür die Verantwortung. Ich muß nichts ändern. Ich muß mir nur dessen, was geschieht, bewußt sein.

Zweiter Grundsatz

Die Gleichheit mit anderen entdecken

Der Schlüssel zur Entdeckung der Gleichheit mit anderen liegt in der persönlichen Übernahme von Verantwortung. Solange wir die Verantwortung für unser eigenes Leben übernehmen, hegen wir keine unangemessenen Erwartungen an andere oder belasten uns mit unnötigen Bürden.

Doch ebenso wie mir bei der Übernahme von Verantwortung für mich selbst Fehler unterlaufen, mache ich auch unweigerlich in meinen Beziehungen Fehler. Zum Beispiel dann, wenn ich an einer Stelle zuviel und an einer anderen Stelle zu wenig Verantwortung übernehme. Ich nehme an einer Stelle zuviel und an einer anderen zu wenig Raum ein. Ich entscheide für dich, wenn du für dich selbst entscheiden mußt. Und ich lasse dich entscheiden, wenn ich meine eigene Entscheidung treffen sollte.

Die Grenzen, die zwischen zwei verantwortlichen Menschen von selbst entstehen, beginnen dann zu verschwimmen. Mißbrauch und Co-Abhängigkeit sind das Ergebnis.

Dabei verliere ich ständig das Gefühl der Gleichheit mit anderen. Manchmal werde ich erhöht und manchmal herabgesetzt. Keine der beiden Positionen fühlt sich richtig an. Ich möchte allen von Angesicht zu Angesicht gegenüberstehen können. Ich wünsche mir Gegenseitigkeit, Fairneß, Gleichheit. Doch die finde ich nur, wenn ich Verantwortung für die Geschehnisse übernehme.

In diesem Augenblick fühle ich mich von dir verletzt, aber ich erkenne, daß du nicht die Ursache meiner Verletzung bist. Die Wunde bestand schon, bevor du mich an diesem wunden Punkt berührtest.

Oder ich bin ärgerlich auf dich, weil du mich enttäuscht hast. Und doch bist du nicht die Ursache meiner Enttäuschung. Meine Erwartungen an dich haben die Zurückweisung vorprogrammiert. Du hast genau in das Programm gepaßt. Du erscheinst mir als Spiegel, um mir zu zeigen, daß meine Erwartungen eine Funktionsstörung haben. Ich kann das, was du tust oder nicht tust, nicht ändern, aber ich kann meine Erwartungen an dich verändern.

Ich kann dich nicht ändern. Daher bleibt mir dir gegenüber nur die Haltung der Akzeptanz. Wenn ich dich nicht so annehme, wie du bist, verliere ich meinen Frieden.

Jesus sagte: „Füge keinem anderen etwas zu, was man nicht auch dir zufügen soll." Das ist die wichtigste spirituelle Übung. Sie ist ebenso wichtig wie die Übernahme der Verantwortung für dein eigenes Leben.

Wenn du andere kritisierst, störst du deinen Frieden, da du jedes deiner Werturteile verinnerlichst. Wenn du andere akzeptierst, segnest du damit dich selbst. Denn was du nach außen gibst, kommt zu dir zurück.

Das wichtigste ist die Erkenntnis, daß jeder Gedanke zu dir zurückkehrt. Projektion ist eine Täuschung. Ich kann etwas an dir hassen, aber der Haß bleibt bei mir. Ich glaube, daß er bei dir ankommt, aber das tut er nur, wenn du ihn annimmst. Wenn du meinen Haß nicht erkennst, bleibt er nicht an dir haften.

Jeder Gedanke kehrt zu dir zurück. Ich kann dir nicht in die Augen schauen, wenn ich mir selbst nicht in die Augen blicken kann. Ich halte dich für tadelnswert, weil ich mit meiner eigenen Scham nicht umgehen kann.

Jede Reaktion eines anderen Menschen in meinem Leben ist ein Spiegel meiner selbst. Was auch immer ich in dir sehe und nicht akzeptiere, sagt etwas darüber aus, was ich an mir selbst nicht akzeptiere. Wenn ich von dir etwas erwarte, das du mir nicht geben kannst, sagt das etwas darüber aus, was ich mir selbst geben muß.

Jede Beziehung setzt ein Umfeld des Lernens oder der Selbstquälerei voraus. Wenn ich mich im

Spiegel deiner Augen erblicke, gebe ich mir die Erlaubnis zu wachsen. Wenn ich in dir Beschränkungen entdecke, weigere ich mich, über meine eigenen Selbstzweifel hinauszugehen.

Ich werde dich stets als Ausrede dafür benutzen, warum ich nicht wachsen kann. Aber das wird nichts ändern. Meine Entwicklung bleibt meine Verantwortung, egal wie sehr ich mich auch bemühe, dir die Verantwortung dafür zuzuschieben.

Wenn du so unklug bist, die Verantwortung für etwas zu übernehmen, mit dem du nichts zu tun hast, kann das nur bedeuten, daß auch du lernen mußt, wirkliche Verantwortung für dich selbst zu übernehmen. Aggressive und passive Partner müssen dieselbe Lektion lernen. Sie erfahren sie nur von der entgegengesetzten Seite. Und wir wissen ja aus den taoistischen Lehren, daß Gegensätze nicht so weit voneinander entfernt sind, wie wir meinen.

Wenn ich also feststelle, daß wir gleich sind, ist das eine Übung, um diese Gleichheit zu verlieren.

Das Verlieren der Gleichheit ist eine Übung, sie zu finden. Wenn du das nicht glaubst, dann frage dich: „Wie hätte ich sie finden können, wenn ich sie nicht verloren hätte?“ Es gäbe nichts zu finden, kein Gefühl des Verlustes. Und wenn ein Gefühl des Verlustes besteht, muß es auch eine Erinnerung an eine Zeit geben, als es noch keinen Verlust gab. „Wie kann ich etwas verlieren, was ich niemals besessen habe?“

Gleichheit ist wirklich. Ungleichheit nicht. Und doch lernen wir durch Ungleichheit etwas über Gleichheit. Wenn ich Gleichheit wirklich verstehe, erkenne ich, daß sie immer vorhanden war. Ich habe sie niemals verloren. Ich habe es nur geglaubt.

Der Gedanke, sie verloren zu haben und die Erkenntnis, daß ich sie noch besitze, erfaßt die ganze Bandbreite der Vergebung, vom ersten Schritt, bei dem ich erkenne, daß ich verstört bin, bis hin zum letzten Schritt, wo ich mein Herz dem Frieden öffne, der dort stets herrscht. Mir wird alles vergeben werden, wenn ich endlich begreife, daß es nichts zu vergeben gibt. In *A Course in Miracles* wird dieser Vorgang so beschrieben: „Nichts Wirkliches kann bedroht werden. Nichts Unwirkliches existiert."

Ich verliere meine Unschuld ebenso wenig wie meine Mitmenschen. Wir verlieren sie nur scheinbar, vielleicht für einen Augenblick, einen Tag oder zwei, vielleicht für ein ganzes Leben. Die Dauer spielt keine Rolle. Denn wenn wir erwachen, vergessen wir den Traum.

In der Selbsttäuschung zu verharren, macht dich nicht zu einem schlechten Menschen. Es verlängert nur dein Leiden. Wenn du bereit bist, dann laß das Leiden los. Und wenn du das getan hast, ist es egal, ob du dich zwei Minuten oder zehn Jahre damit aufgehalten hast. Es existiert nicht länger.

Dieses Wissen in eine Beziehung einzubringen ist nicht leicht. Wir sind ebenso in die körperlichen Eigenschaften der Welt und in Empfindungen verstrickt, wie in unsere Beziehungen und alle Gefühle, die sie in uns aufwühlen. Vielleicht sind wir noch nicht bereit, all dies als einen Traum der Ungleichheit zu sehen, und doch geht es genau darum, wenn wir betrübt sind.

All unser Schmerz ergibt sich daraus, daß wir etwas sehen, das nicht vorhanden ist. Wir glauben, es sei da, weil unsere Ideen und Überzeugungen scheinbar mit bestimmten Menschen und Situationen verknüpft sind. Wir glauben, daß dies unseren Ideen Glaubwürdigkeit verleihe, weil sie sich nun in einer Beziehung widergespiegelt finden. Aber dadurch verdichtet sich nur die Handlung, und eine ganze Reihe neuer Darsteller kommt ins Spiel.

Wir müssen also die Tatsache anerkennen, daß wir selbst die Regie bei unserem eigenen Film führen. Und daß das, was wir auf der Leinwand sehen, eine Spiegelung unseres eigenen Bewußtseins ist.

Dennoch müssen wir erkennen, daß wir nicht die einzigen sind, die einen Film drehen. Dieselben Leute, die als Schauspieler oder Techniker in unserem Film auftreten, führen gleichzeitig Regie bei ihrem eigenen Film, in dem wir als Darsteller oder Kameramann auftreten. Akira Kurosawa verwirklichte diese Vorstellung sehr poetisch und mit viel Feingefühl in seinem Film *Rashomon*.

Es mag vielleicht keine endgültigen Grenzen zwischen uns geben, aber wenn wir die Grenzen unserer Erfahrungen nicht erkennen und die Erfahrung anderer Menschen respektieren, können wir uns unmöglich miteinander verbinden. Wir müssen nicht übereinstimmen. Aber wir müssen einander achten. Übereinstimmung entsteht, soweit das möglich ist, aus einer Atmosphäre gegenseitigen Respekts.

Ohne gegenseitigen Respekt, der nichts anderes bedeutet als „gesunde Grenzen", wird Übereinstimmung unweigerlich erzwungen. Und „erzwungene Übereinstimmung" ist genauso lächerlich, wie es sich anhört.

Die Gleichheit mit anderen zu entdecken führt zu der Erkenntnis, daß es viele Wege gibt, um eine Situation zu betrachten, und daß wir selbst nur einen davon kennen. Indem wir anderen zuhören und ihre Ideen und Erfahrungen respektieren, öffnen wir uns einem breiteren Spektrum unserer Wirklichkeit. Es ermöglicht uns, die Türen des Gefängnisses unserer Vorstellungen zu öffnen und frei ins Tageslicht hinauszuspazieren. Es hilft uns, die Grenzen unseres eigenen Wissens zu verstehen, damit wir uns dem Unbekannten nähern können – allein und mit anderen.

Fünfter Schritt

Selbstkritik und Schuldgefühle loslassen

Ob es mir bewußt ist oder nicht, ich greife mich ständig an. Ich glaube vielleicht, daß ich dich angreifen kann, aber das ist nur ein Trugschluß. Natürlich kaufst du mir das manchmal ab und nimmst Anstoß daran. Das ist der Lauf der Welt.

Aber in Wahrheit kann ich dich nicht angreifen. Ich kann mich nur selbst angreifen. Alles, was ich auf dich projiziere, kommt zu mir zurück. Gedanken sind ein perfekter Bumerang. Sie kehren immer zu demjenigen zurück, der sie geschickt hat.

Das hat nichts mit Bestrafung zu tun! Viele Menschen, selbst die, die an Karma* glauben, begreifen das nicht. Niemand wird für seine Sünden bestraft. Er bekommt nur das zurück, was er ausge-

*(Gesetz von Ursache und Wirkung über den Tod hinaus)

sandt hat, damit er sich dessen bewußt werden kann. Wenn er Ärger aussendet, bekommt er Ärger zurück, weil er die Verantwortung für seinen Ärger tragen muß. Er muß sich alles eingestehen, was er nach außen bringt. Nur indem er sich das eingesteht, kann er es loslassen.

Es ist ein einfaches Gesetz. Wir müssen uns damit nicht gegenseitig niedermachen. Wir brauchen nicht zu sagen: „Siehst du, du gemeiner Kerl, ich wußte, dafür würdest du die Quittung bekommen!" Wir müssen nicht Gott spielen. Für diese Rolle werden wir nicht gebraucht.

Wir müssen nur begreifen, dass wir immer wieder Fehler machen werden, bis wir unsere Lektion gelernt haben. Wir werden weiterhin negative und positive Eigenschaften auf andere projizieren, solange wir nicht bereit sind, diese Eigenschaften in uns selbst anzunehmen. Wir werden andere solange angreifen, bis wir den Angriff zugeben.

Indem wir uns den Angriff eingestehen, können wir den Prozeß kurzschließen. Wir sagen: „Okay,

Ärger, ich weiß, daß du zu mir gehörst, und ich werde nicht vorgeben, daß du jemand anderem gehörst." Das heißt nicht, daß wir unseren Ärger nicht ausdrücken können. Wenn er da ist, liegt es in meiner Verantwortung, ihn auszudrücken. Aber wenn ich es tue, dann in dem Wissen, daß es mein eigener Ärger ist. Auf diese Art muß er sich niemanden suchen, der sich schuldig genug fühlt, ihn anzunehmen und dann in Form von leisem Unmut zu mir zurückzuschicken.

Ich übernehme die Verantwortung für meinen Ärger. Ich verstehe, daß nicht du mich, sondern ich mich selbst angreife. Ich verliere mich nicht in der Projektion, zumindest nicht dann, wenn ich erfolgreich bin.

Erfolg kommt nicht immer und auch nicht vollständig. Manchmal greife ich dich an, und manchmal gestehe ich mir den Angriff ein. Wenn ich dich angreife, fühle ich mich schuldig, weil ich glaube, daß ich dich verletzen kann. Ich trage die Schuld mit mir herum und wenn du oder ein anderer mich angreift, lädt mein Schuldgefühl diesen Angriff ein, hängenzubleiben. Es ist alles sehr bizarr.

Wann immer ich zum Schlag gegen dich aushole, fühle ich mich schrecklich. Damit mache ich mich zur Zielscheibe für einen Angriff. Fremde mit angestautem Ärger spüren in mir ein potentielles Opfer, wenn ich vorübergehe. Selbst Schäferhunde nehmen die Witterung auf!

Jedesmal, wenn ich dich angreife, verfestige ich mein Schuldgefühl. Wenn du das nicht glaubst, lies Dostojewskis *Schuld und Sühne*. In diesem Roman versucht Raskolnikow das perfekte Verbrechen zu begehen. Er glaubt, daß er sich nicht schuldig fühlen wird, wenn er aus Prinzip tötet. Aber es funktioniert nicht. Zwar wird er nicht überführt, aber er kann mit seiner Schuld nicht leben. Schließlich stellt er sich selbst.

Genau das müssen wir alle tun: uns selbst stellen. Sobald wir angreifen, müssen wir daran denken, daß wir damit unsere Schuld aufbauen.

Geben wir es direkt zu. Zum Teufel mit den Rechtfertigungen unserer Handlungen. Wir wissen, daß es für einen Angriff keine Rechtfertigung gibt. Auf diese Weise übernehmen wir einfach die Verantwortung dafür, uns selbst und anderen Heilung zu bringen.

„Ich habe einen Fehler gemacht, Bruder. Ich habe dich angegriffen, weil ich Angst hatte. Ich dachte, ich hätte ein Recht dazu, aber ich habe mich geirrt. Vergib mir. Hilf mir, auf den richtigen Pfad zurückzukommen."

Wenn ich meinen Angriff in einen Ruf nach Liebe umwandle, werden meine Mitmenschen mir gestatten, mich ihnen zu nähern. Das ist eine Geste der Aussöhnung.

Wenn ich meinen Angriff erkenne und die Verantwortung dafür übernehme, ihn zu korrigieren, baue ich keine Schuld auf. Schuld baut sich nur dann auf, wenn ich meinen Angriff rechtfertige und mich weigere, ihn wiedergutzumachen.

Chronische Schuld ist nichts anderes als die beständige Weigerung, die Verantwortung für meine Fehler zu übernehmen und aus ihnen zu lernen. Niemand wird ohne Grund zum Prügelknaben. Aber der Grund liegt oft tief in der Psyche verborgen.

Jeder Angriff gegen dich ist ein Angriff gegen mich selbst. Der Angriff kann in Form einer äußerst versteckten Form von Kritik erfolgen, die mir durch ständige Wiederholung vermittelt, daß ich unzureichend bin.

Es ist kein Zufall, daß gerade die Menschen, welche die geringste Selbstachtung besitzen, die meisten Werturteile über andere Menschen fällen. Je mehr wir andere beurteilen, desto mehr beurteilen wir uns im Unterbewußtsein selbst.

Alle Projektionen kehren zu uns zurück. So funktioniert Schuld. Sie verhindert auf einer bestimmten Ebene den Angriff. Wir können andere einfach nicht angreifen, ohne uns auf irgendeiner Ebene unseres Seins dafür verantwortlich zu fühlen.

Wenn uns diese Verantwortung bewußt wird, können wir allmählich genesen. Wenn wir uns erlauben, im Unbewußten zu verweilen, ziehen wir Ereignisse an, die uns dazu zwingen, uns unserer Vergehen anderen gegenüber bewußt zu werden, und den tiefen Selbsthaß zu erkennen, der diesen Vergehen zugrunde liegt.

Schuld und Verantwortung schließen sich gegenseitig aus. Schuld hält an Wunden fest und verhindert dadurch ihre Heilung. Verantwortung ist der erste Schritt im Heilungsprozeß.

Um unsere innere Kritik und Schuldgefühle loszulassen, müssen wir anfangen, die Verantwortung für unsere Angriffe zu übernehmen. Wir müssen uns unserer Projektionen bewußtwerden, sobald sie auftreten.

Wenn wir uns unserer Angriffe bewußtwerden, erkennen wir die dahinterliegende Ursache. Wir erkennen unsere eigenen Ängste, unsere tiefverwurzelten Werturteile und Gefühle der Unzulänglichkeit. Wir hören unseren tiefen Schrei nach Liebe.

Das ist wesentlich. Wir können uns nicht selbst

vergeben bevor wir erkennen, daß all die Dunkelheit in uns ein Ruf nach Licht, und unser ganzer Ärger und unsere Verletzungen ein Ruf nach Liebe sind. Das müssen wir anerkennen, oder wir verwenden unser Bewußtsein, um uns selbst zu verprügeln.

Wir dürfen die Gefahren dabei nicht unterschätzen! Wenn wir unseren Heilungsprozeß an das Ego abgeben, führt das zu einem erneuten Verletzungsprozeß. Nur der Geist darf unsere Heilung übernehmen, denn der Geist bestätigt uns, während er uns gleichzeitig darin unterstützt, Fehler wiedergutzumachen und aus ihnen zu lernen.

Ich bin nicht böse, weil ich dich angegriffen habe. Ebenso wenig bist du böse, wenn du mich angegriffen hast. Unser gegenseitiger Streit entsteht aus dem tiefen Gefühl der Unzulänglichkeit in uns beiden. Er kommt von einem Ort, wo sich weder du noch ich geliebt fühlen.

Dies zu erkennen ist der Anfang der Gnade. Wir beginnen – selbst in der Dunkelheit – mit den Augen der Liebe zu sehen.

Solange ich mich selbst oder dich wegen eines Fehlers quäle, kann unsere Heilung nicht beginnen. Es geht nicht um den Fehler. Es geht um das Lernen, um Entwicklung, die Veränderung der Wahrnehmung, die sich aus dem Fehler ergibt.

Wenn ich das erkenne, lerne ich meine Lektion gut. Ich lerne deine Lektion gut. Ich habe eine Grundlage, von der aus ich weitergehen kann. Auf dieser Grundlage beginnen Versöhnung und Wiederaufbau. Sie sind die wahre Grundlage der Heilung: die Vergebung aller Fehler und die Dankbarkeit für das Bewußtsein, das sie mit sich bringen

Denke daran, daß aus dem Ego keine Verantwortung kommt, sondern Schuld. Schuld erhält das Gefühl der Trennung aufrecht. Sie hält die Wunde offen.

Schuld sagt: „Egal was ich auch tue, ich kann damit meine Fehler niemals wiedergutmachen."

Verantwortung sagt: „Ich habe die Wunde geöffnet, also kann ich sie auch wieder schließen."

Es ist wichtig, den Unterschied zu kennen.

Viele Gedanken des New Age wurden von unserem Ego nicht als Werkzeug zur Entwicklung aufgegriffen, sondern als Mittel zur Bestrafung von uns und anderen. Viele Menschen, die an bestimmten Krankheiten litten, mußten sich so ein Geschwätz anhören wie: „Du hast dich selbst krankgemacht. Der Krebs wurde durch deine Wut ausgelöst. Du wirst nicht gesund, weil du immer noch an deinem Ärger festhältst." Ein echter Schuldtrip. Es ist nur das Ego, das die „Verantwortungsmasche" durchzieht. So funktioniert es nicht.

Wenn der Geist das Verantwortungsprogramm übernimmt, macht er alles richtig. Er verwandelt den Ort des Krebses oder was es auch sein mag, in einen Ort, wo man sein kann und von dem aus man wachsen kann. Er mißt den Fortschritt nicht nach äußeren Maßstäben. Er sagt einfach: Es gibt in dir einen Ort, wo du Frieden finden kannst.

Wenn wir über Heilung sprechen, sprechen wir über die Aufgabe von Selbstkritik und Schuldgefühlen wegen Fehlern aus der Vergangenheit. Zur

Heilung gehören Verantwortung und Milde. Es ist ein Loslassen dessen, was nicht zu uns gehört.

Heilung bedeutet, sich reinzuwaschen von dem Schmutz, der sich auf unserer Haut bildet, wenn wir nicht aufhören, unsere Kritik an anderen zu rechtfertigen. Die ganze Seele badet in Liebe und Annahme.

Und das führt uns zum sechsten Schritt.

Sechster Schritt

Akzeptiere dich selbst und andere, so wie ihr seid

Akzeptanz ist eine seltsame Sache. Auf der einen Seite sagen wir, daß wir unsere Fehler akzeptieren und daraus lernen sollen. Auf der anderen Seite sagen wir, daß du okay bist, so wie du bist.

Wir sagen: Akzeptiere deine dunklen Seiten, und bringe sie ans Licht. Wenn du sie ans Licht bringst, verschwinden die Schatten. Aber was passiert, wenn das nicht der Fall ist?

Wenn ich manchmal meine Schattenseiten zum Licht bringen will, scheint das Licht zu verschwinden und ich sitze in noch tieferer Dunkelheit. Was mache ich dann?

Dann habe ich eine einfache Wahl: Ich kann mich selbst fertigmachen, mich als Versager fühlen und Gott und die Welt verdammen. Oder ich kann den Punkt akzeptieren, auf dem ich jetzt stehe.

„Hier stehe ich in der Dunkelheit, und es scheint kein Licht in Sicht zu sein. Das ist in Ordnung. Hier bin ich einfach. Ohne Lob und Tadel."

Wenn ich mich so verhalte, werde ich zu dem Licht, nach dem ich gesucht habe. Jede Geste der Selbstakzeptanz enthüllt das innere Licht und beleuchtet meinen Weg. Vielleicht leuchtet es nur wenige Meter, aber das ist in Ordnung. Wenn ich mich selbst akzeptiere, erfolgt der nächste Schritt von ganz allein.

Gottes Liebe, Segen, Führung, wie du es auch nennen möchtest, gelangt durch den Kanal deiner Liebe zu dir selbst. Wenn du dich selbst akzeptierst, so wie du bist, öffnest du diesen Kanal. Dasselbe geschieht, wenn du andere so akzeptierst, wie sie sind.

Der Weg zum Frieden ist ganz einfach, wenn du bereit bist, ihn zu beschreiten:

1. ***Akzeptiere dich, so wie du bist.*** Du bist in Ordnung mit all deinen Problemen, Schmerzen und Vorurteilen. Du mußt nichts ändern. Du mußt nichts erwerben und dich von nichts trennen. Du bist vollkommen, so wie du gerade bist. Nimm dieses Wissen an. Während du das tust, lösen sich die Werturteile von selbst auf.

2. ***Akzeptiere andere, so wie sie sind.*** Sie sind in Ordnung mit all ihren scheinbaren Stärken und Schwächen. Du mußt sie nicht verändern. Sie müssen sich nicht verbessern, um deine Akzeptanz zu verdienen. Sie brauchen deine Billigung nicht, und du brauchst auch die ihre nicht. Sie sind in Ordnung und du bist in Ordnung. Niemand hat Recht. Niemand hat Unrecht. Ihr besteht nebeneinander. Wenn du andere akzeptierst, öffnet sich dein Herz. Wenn du andere akzeptierst, gehst du milder mit dir selbst um.

3. ***Akzeptiere dein Leben so, wie es im Augenblick ist.*** Du brauchst nichts daran zu ändern. Jede Situation ist vollkommen, so wie sie ist. Jede Beziehung ist vollkommen, so wie sie ist. Jede Lektion ermöglicht es dir zu wachsen. Jedes äußere Hindernis hilft dir, tiefer zu der Quelle der Liebe in dir vorzudringen. Analysiere dein Leben nicht, sonst glaubst du, daß dir etwas fehlt. Dir fehlt nichts. Deine Deutungen des Für und Wider vermitteln dir die Illusion, daß du hier bist, um den Durchbruch zu schaffen. Akzeptiere dein Leben, so wie es ist. Dann wird jede Vorstellung, die dich selbst oder andere nicht wertschätzt, verschwinden, weil es nichts mehr gibt, was sie trägt. In diese Lücke, die durch die Verweigerung von Kritik in deinem Herzen entsteht, fließt die allgegenwärtige Liebe. Nun bist du nicht mehr allein. Dein Gefährte ist angekommen.

Akzeptanz ist so einfach und doch so schwer zu erlernen. Denn durch Akzeptanz tritt unser Ego beiseite. Durch Akzeptanz löst sich die Grenze zur Allgegenwart der Liebe auf.

Das ist der Weg der Akzeptanz. Was du nicht akzeptieren kannst, wirst du bekämpfen, und in diesem Widerstand liegen deine Fesseln. Was du akzeptierst bewegt sich sanft durch dein Herz. Nichts stößt dich vorwärts. Nichts hält dich zurück. Du bewegst dich, wohin die Liebe dich trägt.

Es ist ein Vorgang der kleinen Schritte. In jedem Augenblick tauchen Widerstand oder Bindung auf. Wir sehen ihnen zu. Wir betrachten den Kampf. Wir beobachten uns selbst, wie wir ermüden und schließlich loslassen. Wir lassen den Kampf im Sande verlaufen. Das geschieht immer wieder.

Wir werden geduldiger. Verzeihender. Entspannter. Wir lernen, mit uns selbst und anderen sanfter umzugehen.

Es scheint kein so großer Sieg zu sein, aber er ist es. Wenn zwischen uns und unserem Frieden nichts mehr steht, erleben wir das Göttliche im Inneren und im Außen, und sei es auch nur für einen Augenblick. Die Trennung ist verschwunden.

Das sind die Früchte der Akzeptanz.

Denke daran, daß es in unserer Erfahrung keinen Augenblick gibt, in dem wir nicht durch Akzeptanz unseren Frieden erhalten. Es müssen immer Hindernisse überwunden werden.

Wir akzeptieren dies nicht als Ziel, sondern als Übung. Denn in der Übung wird das Ziel erreicht.

Siebter Schritt

Sei bereit, zu lernen und zu teilen

Sobald ich glaube, ich hätte alles verstanden, verläßt mich mein Vorrat an Liebe. Wie kann das sein?

Weil ich die Tür in meinem Kopf verschließe. Und ich schließe die Tür in meinem Kopf, indem ich sage: „Genug. Ich habe genug."

Offensichtlich stimmt mir mein innerer Lehrer darin nicht zu. Und ich habe eine weitere Lektion in Sachen Demut zu lernen.

Alles, was ich weiß, bedeutet nichts, wenn ich im Augenblick keinen inneren Frieden verspüre. Und wenn ich mit mir in Frieden bin, verschwindet das Bedürfnis, etwas zu wissen.

In dem Buch *A Course in Miracles* heißt es, daß wir das lehren, was wir lernen müssen. Das ist eine wichtige Erkenntnis. Wenn ich mich erhebe, um meine Erfahrungen mit dir zu teilen, unterstütze ich damit meinen Lernprozeß.

Indem ich es teile, vertiefe ich, was ich gelernt habe. Ich erweitere mein Wissen durch alle Chakras*. Ich fasse das Wissen des Verstandes in Form und lasse es in mein Herz fließen. Wenn du mich zutiefst verstehst, weiß ich, daß das, was für mich wahr ist, auch für dich gilt.

Indem ich teile, lerne ich, dir zuzuhören. Ich erkenne, wie du etwas auf andere Art und mit anderen Schwerpunkten verinnerlicht hast. Mir wird klar, daß du bestimmte Lektionen bereits gemeistert hast, durch die ich mich noch hindurchwurstele. Ich begreife, daß du ebenso mein Lehrer bist, wie ich der deine bin.

Lehren und Lernen sind Prozesse, die ein Leben lang andauern. Selbst wenn ich die Rolle des Lehrers spiele, lerne ich dabei. Und selbst wenn ich die Rolle des Lernenden spiele, lehre ich dabei.

Wie ich etwas lerne wird zu einer Lehre. Und

---

*(Energiezentren des ätherischen Körpers)

wie ich etwas lehre wird zu einer Lektion. Es geht immer weiter. Es gibt keinen Augenblick in meinem Leben, an dem ich aus deinen Reaktionen nicht Nutzen zöge. Selbst wenn 99% davon Kritik an meiner Person ausmachen, kann ich immer noch das eine Prozent genießen, das wahr ist.

Lehrer müssen nicht nur die Verantwortung für das übernehmen, was sie unterrichten, indem sie es selbst lernen, Schüler müssen auch die Verantwortung für das, was sie lernen, übernehmen. Niemand kann dich ohne dein Einverständnis etwas lehren.

Ich lerne also immer. Du auch. Auf dieser Basis begegnen wir uns. Von Angesicht zu Angesicht. Gleichberechtigt.

Wenn ich auch Teile meiner spirituellen Arbeit selbst erarbeiten kann, indem ich meditiere, meine Gedanken und Gefühle betrachte, mich mit Schriften beschäftige, gibt es doch einen wichtigen Teil, den ich nicht alleine bewältigen kann.

Ich kann meine Projektion nicht überwinden, wenn ich sie nicht erlebe. Ich muß etwas auf dich projizieren, und ich brauche es, daß du etwas auf mich projizierst, damit ich dieses Phänomen erleben kann. Ich muß meine scheinbare Trennung von dir spüren, bevor ich sie als Selbsttäuschung zurückweisen kann.

Keiner von uns findet sein Heil allein. Wir lernen und wachsen durch unsere Interaktion, so schmerzhaft sie auch sein mag.

Wenn ich mich von anderen isoliere, schiebe ich meine Buße nur hinaus. Früher oder später müssen wir beide unser Drama ausleben.

Ohne Interaktion könnten mein und dein Selbst, die sich als voneinander getrennt erleben, die Liebe Gottes niemals verstehen. Das Bedürfnis nach Austausch bestätigt sich durch die Tatsache, daß sich die beiden Teile von Gottes Schöpfung voneinander getrennt fühlen. Spüren wir eine Trennung, benötigen wir Interaktion als Brücke.

Das gilt auch, wenn wir die ganze Zeit damit verbringen, uns gegenseitig fertigzumachen. Wenn wir dann geschieden sind und getrennte Wege gehen, denken wir: „Es hat halt nicht geklappt" und suchen uns jemand anderen zum Kuscheln.

Wir versuchen immer wieder Verbindungen einzugehen und scheitern daran, weil es nicht von uns verlangt wird. Gott verlangt von uns keine Verbindungen. Sie/Er fordert uns auf, einander zu respektieren.

Die goldene Regel lautet: „Behandle andere so, wie du selbst behandelt werden möchtest." Sie lautet nicht: „Verschmelzt zu einem einzigen idyllischen Wesen."

Solange wir versuchen, miteinander zu verschmelzen, erfassen wir das Wesentliche nicht. Wir sind nicht hier, um unser Seelenheil im anderen zu finden, sondern um es „durch den anderen" zu finden.

Bindungen sind unnötig, weil wir bereits im Geiste vereint sind. In unserer egozentrierten Wirklichkeit scheinen wir getrennt zu sein. Wir scheinen unterschiedliche Persönlichkeiten und verschiedene Bedürfnisse zu haben. Wir versuchen immer wieder, uns auf dieser Ebene zu verbinden, aber es gelingt uns nicht. Wir vereinigen uns, wenn wir alle Unterschiede fallen lassen.

Wenn wir „andere so behandeln, wie wir selbst behandelt werden wollen“, betonen wir die einzige Sache, die wir als Einzelwesen von Rechts wegen teilen: unsere Gleichheit. In dem wir einander als Gleichgestellte respektieren, setzen wir die richtige Beziehung zueinander voraus und ermöglichen es der göttlichen Gegenwart, sich durch uns zu offenbaren. Laut Martin Buber* existiert Gott nicht „in dir“ oder „in mir“ sondern „dort, wo wir uns begegnen“.

Der Tanz des Lebens besteht darin, den Ort zu entdecken „wo wir uns begegnen“. Es ist eine elementare spirituelle Übung.

Jedesmal, wenn wir unsere Gedanken und Gefühle mit anderen teilen, blicken wir über unsere egozentrierte Wirklichkeit hinaus und erkennen gemeinsame Ziele und Bedürfnisse. Jedesmal, wenn wir einander die Herzen öffnen, tragen wir aktiv

*(jüd. Religionsphilosoph, 1878-1965)

dazu bei, die Selbsttäuschung des Getrenntseins aufzuheben.

Letztendlich treffen wir nicht aufeinander, um uns zu „vereinen", sondern um zu erkennen, daß unsere Herzen und Gedanken bereits verbunden sind. Wir können aus dieser Verbindung heraustreten, indem wir uns kritisieren und die Unterschiede hervorheben, oder wir können zusammenbleiben, indem wir jeden Menschen so annehmen und segnen wie er ist.

Je mehr wir uns dem gemeinsamen Raum im heiligen Kreis nähern, desto deutlicher erkennen wir, daß dort unsere Heimat liegt und jeder Ausflug des Ego nur einen Umweg darstellt. Das bedeutet nicht, daß wir aufhören, uns voneinander zu entfernen, aber selbst wenn wir es tun, sehen wir dem Augenblick entgegen, in dem wir uns wieder begegnen.

Wir wissen, wo sich unsere Heimat befindet. Und wir wissen, daß wir dorthin zurückkehren können, wenn wir soweit sind.

Achter Schritt

Sei deine eigene Autorität

Deine eigene Autorität zu sein, heißt nicht, daß du auch für andere zur Autorität werden sollst. Es bedeutet einfach, daß kein anderer zu deiner Autorität wird.

Jeder hat die freie Wahl, so auch du. Und jeder ist für seine Entscheidung verantwortlich. Wie könnte es anders sein?

Viele Menschen versuchen, diese klaren Grenzen der Verantwortung zu überschreiten, und vernebeln dadurch lediglich ihre Wahrnehmung der Wirklichkeit. Bestrafe dich nicht zu sehr. Respektieren wir diese Grenzen, dann werden wir uns gegenseitig respektieren.

Begreife zuerst, daß du keine Verantwortung für dich übernimmst, wenn du ...

1. ... einen anderen Entscheidungen für dich treffen läßt oder
2. ... für einen anderen Entscheidungen triffst.

Dabei handelt es sich um Co-Abhängigkeit. Weder du noch der andere handelt dabei aus eigener Kraft. Du kannst dir auf diese Art zwar scheinbar einen zeitlichen Vorteil sichern, aber diesen Vorteil bezahlst du mit dem Verzicht auf die freie Entscheidung über dein Leben.

Es ist großartig, anderen zuzuhören und von ihnen zu lernen. Vertraulicher Austausch ist für deine spirituelle Entwicklung wesentlich. Du bekommst damit eine Rückmeldung auf die Entfaltung deiner Wahrnehmung. Aber andere wissen nicht, was du brauchst. Selbst Hellseher und andere intuitive Menschen können dir nicht sagen, was du wissen mußt. Sie können dir wichtige Informationen geben oder auch nicht. In beiden Fällen bist du derjenige, der die Information nutzen muß, um inneren Frieden zu finden.

Erkenne, daß andere dir nur begrenzt Nützliches mitteilen können. Diese Grenzen gelten auch für das, was du anderen erzählen kannst. Die größte Hilfe, die du anderen gewähren oder von ihnen erhalten kannst, ist Ermutigung. Alles andere hilft nur selten.

Um deine eigene Autorität zu sein, mußt du dich von der Vorstellung befreien, daß du außerhalb von dir selbst Antworten finden kannst. Du mußt dich von der Vorstellung lösen, daß es etwas zu erreichen gibt.

Autorität entsteht unmittelbar aus Erfahrung. Sie sagt: „Ich respektiere mein Leben. Ich akzeptiere, was für mich stimmt, auch wenn es für andere nicht stimmt."

Innere Autorität ist mit Vorschriften für andere unvereinbar. Sobald du versuchst, andere in deine Werte und Ansichten einzupassen, untergräbst du die Kraft dieser Werte und Anschauungen. Sobald du die Zustimmung anderer brauchst, um dein Leben zu schätzen, hast du den Kontakt zu deiner inneren Autorität verloren.

Jeder hat das Recht und sogar die Verantwortung zu sagen: „Das ist meine Wahrheit. Das ist für mich stimmig." Das ist eine wichtige Selbstbestätigung. Denn kein anderes Leben gleicht meinem eigenen. Meine Erfahrungen sind einzigartig und sollten als solche akzeptiert werden.

Jeder, der versucht, mir die Integrität meiner Erfahrung abzusprechen, verleugnet auch seine eigene Erfahrung. Man kann sich nicht selbst bestätigen, wenn man es anderen versagt.

So hindert mich die Energie, die ich in die Ablehnung und Kritik anderer investiere, daran, meine eigene Führung und Wahrheit zu finden. Ich erkenne nicht, was für mich wahr ist, solange ich die Erfahrungen anderer nicht respektiere.

Andersherum kann ich meine eigene Wahrheit nicht hören, solange ich den Erfahrungen anderer mehr Aufmerksamkeit schenke als meinen eigenen. Autorität erwächst im Inneren und endet an der Hautoberfläche.

Meine Autorität beschränkt mein Bedürfnis zu

entscheiden, wenn ich dadurch gegen die Freiheit und Verantwortung anderer verstoße, für sich selbst zu entscheiden. Das gibt mir die Kraft, eigene Entscheidungen zu treffen, wenn andere für mich entscheiden wollen.

Meine Autorität stimmt mit deiner Autorität überein und ist ihr ebenbürtig. Du kannst deine Autorität nicht leugnen oder überschreiten, ohne mich aufzufordern, das gleiche zu tun. Wenn du deinen eigenen Erfahrungen gegenüber treu bist, stärkst du sowohl deine eigene Unschuld als auch die meine.

Nun ist alles gesagt, es ist klar, daß das Über- und das Unterschreiten unserer Autorität Teil unseres Lernprozesses ist. Es ist ein Teil unseres gemeinsamen Tanzes.

Wir sollten es uns daher zur Aufgabe machen, diesen Tanz nicht zu beenden, sondern ihn zu betrachten. Wenn wir Zeugen des Tanzes werden, bewegen wir uns zur Mitte hin. Die Bewegungen sind zu erkennen. Wenn wir uns des Über- und des

Unterschreitens bewußtwerden, korrigieren wir es automatisch. Durch die Betrachtung lernen wir aus unserem eigenen Verhalten, ohne es zu bewerten.

Das Thema Autorität berührt uns besonders tief. Keiner von uns hat sich nicht schon einmal aufgebläht oder herabgesetzt. Unsere natürliche Autorität lernen wir erst dann kennen, wenn wir die Verlogenheit unserer egozentrischen Autorität erkannt haben. Erstere entsteht aus der einfachen Akzeptanz von uns selbst und anderen. Letztere entsteht aus einem tiefen Gefühl der Unzulänglichkeit, das wir auf andere projizieren.

Diejenigen, die andere für überlegen halten, hegen oft unbewußte Minderwertigkeitsgefühle. Diejenigen, die sich ständig der Stärke oder Weisheit anderer unterordnen, fühlen sich häufig unbewußt überlegen. Seltsamerweise ist weder der Überlegene noch der Unterlegene bereit, mit seinen Überzeugungen alleine dazustehen. Auf die eine oder andere Art suchen sie die Unterstützung und die Zustimmung anderer.

Wir müssen uns der Tatsache stellen, daß wir zu stark oder zu schwach für unser eigenes Wohl sein können. Wer sich mit dem I-Ging beschäftigt, kann mit dieser Vorstellung leicht umgehen. Diejenigen, die zu stark sind, ziehen Schwächere an und werden dadurch geschwächt. Diejenigen, die zu schwach sind, ziehen Stärkere an und werden dadurch stärker.

Jeder benutzt den anderen, um ins Gleichgewicht zu kommen. Leider geschieht das unbewußt, weshalb dieser Austausch wenig Verständnis oder Dankbarkeit bewirkt.

An diesem Punkt unserer gemeinschaftlichen Entwicklung scheint es wichtig zu sein, den Prozeß des „Ins-Gleichgewicht-kommens" bewußt zu erleben. Deshalb gibt es soviel Literatur über Mißbrauch und Co-Abhängigkeit. Der unbewußte Austausch hinterläßt viele unaussprechliche Wunden.

Über unsere Verletzungen zu sprechen ist gesund. Es ist unsere Art, zu unserer Erfahrung zu stehen und die Verantwortung für unsere Heilung zu übernehmen.

Es geht die ganze Zeit um *Respekt*. Respekt für uns selbst und Respekt für andere. Respekt kommt von dem Wort *specere*, was „sehen" bedeutet. Respekt heißt also „zurückblicken, noch einmal hinsehen oder anders sehen".

Man sagt, daß wir zuerst „durch die rosa Brille blicken und uns dann von Angesicht zu Angesicht erkennen". Erst nehmen wir etwas falsch wahr, und dann wird unsere Empfindung korrigiert. Zuerst machen wir Fehler, und dann lernen wir. Erst versündigen wir uns gegeneinander, und dann vergeben wir uns.

Dieser Prozeß wiederholt sich immer wieder aufs Neue. Wir lernen, andere zu respektieren, indem wir gegen das Gesetz der Gleichheit verstoßen. Die Erkenntnis des Verstoßes führt uns zur Gleichheit.

Wenn wir also sagen: „Sei deine eigene Autorität", meinen wir damit, daß du so sein sollst, wie du wirklich bist, und daß du lernen sollst, andere so zu sehen, wie sie wirklich sind. Übe dich in Gleichheit. Lerne aus der Ungleichheit. Akzeptiere diesen Prozeß. Nutze ihn, um dich anzupassen und zu wachsen.

Dritter Grundsatz

Dem Leben vertrauen

Oft bringt uns das Leben an den Rand unserer Grenzen und läßt uns dort zurück. Es sagt: „Du bist nicht auf das beschränkt, was sich innerhalb dieser Grenzen befindet."

Als ob wir diese Erkenntnis bestätigen wollten, stoßen wir immer wieder an die Grenzen, die wir uns errichten. Jedesmal, wenn wir einen Standpunkt einnehmen – und es ist beinahe egal, welche Haltung wir einnehmen – trennen wir die zusammenhängende Wirklichkeit scheinbar in zwei Hälften. Nenne diese Teile, wie du möchtest: gut und böse, männlich und weiblich, hoch und tief.

Aus der Einheit machen wir Dualität. Sobald ich „ich" sage, bekomme ich das Du, was „nicht ich" bedeutet. Selbst wenn ich „wir" sage, meine ich damit „nicht sie".

Egal wie sehr ich mein Bewußtsein erweitere, ich begegne weiterhin Menschen und Situationen, die ich nicht akzeptieren kann. Hier ziehe ich einen Strich und errichte meine Grenzen. Was sich auf der einen Seite der Grenze befindet, ist akzeptabel. Und was sich auf der anderen Seite befindet nicht.

Das ist das Wesen meiner Bewußtseinsreise. Mein ganzes Leben ist ein Prozeß des Errichtens und Niederreißens von Grenzen. Wenn ich es so sehen kann, lerne ich, mich und andere leichter zu nehmen. Ich weiß, daß die Grenzen nicht wirklich sind. Meine Anschauungen lassen sie als wirklich erscheinen. Wenn ich meine Ansichten ändere, verschwinden die Grenzen.

Ich versuche stets, mein Dasein zu ordnen und zu erklären. Je mehr ich das versuche, desto mehr verpfusche ich alles. Ich bin halt nicht besonders gut darin, mein Leben zu kontrollieren. Zu dieser Einsicht komme ich früher oder später. Irgendwann erkenne ich, daß ich mein Leben nicht kontrollieren, sondern daran arbeiten muß.

Ich kann sagen, was ich möchte. Daran ist nichts Falsches. Aber ich muß entscheiden, ob ich das bekomme, was ich möchte oder nicht.

Oft glaube ich, daß ich etwas nicht gewollt habe. Später finde ich dann heraus, daß es genau das war, was ich zu jener Zeit brauchte. Früher oder später erkenne ich, daß ich nicht weiß, was ich brauche.

Aber meine Lebenskraft weiß es. Meine Lebenskraft weiß, was ich brauche, und zieht es an. Ich habe diese Lebenskraft früher „Schicksal" oder „Gott" genannt, aber das stimmte nicht, weil ich sie damit nach außen verlagert habe.

Und dort ist sie nicht! Sie ist weder außen, noch innen, oder vielleicht ist sie doch beides. Wenn ich eine Grenze ziehe, zieht sich die Kraft so weit zurück, daß ich sie nicht finden kann oder sie dehnt sich weiter aus, als ich es mir vorstellen könnte. Oder sie ist so klein, daß sie völlig unerkannt bleibt. Wenn du in deinem Körper oder Verstand nach ihr suchst, wirst du sie nicht finden.

Wieviel wiegt ein Gehirn? Sie ist noch leichter. Wieviel wiegt die Seele? Sie ist sogar noch leichter. Die Lebenskraft ist zu leicht, um gewogen zu werden. Sie befindet sich außerhalb der Schwerkraft und doch ist sie so umfassend, daß nicht einmal das Universum sie fassen kann!

Wenn ich mir anschaue, wer ich wirklich bin, sehe ich keine Grenzen, kein Innen und kein Außen. Wenn ich mir anschaue, wer ich wirklich bin, unterscheide ich mich nicht von dir. Ich unterscheide mich nicht von Gott. Es ist alles dasselbe. Alles entspringt der gleichen Bewegung der Lebenskraft, ohne Anfang und ohne Ende.

Wenn ich mich innerhalb meiner Grenzen bewege, scheint alles wichtig zu sein. Wenn das Leben kommt und diese Grenzen niederreißt, begreife ich, daß alles, was ich für wichtig hielt, unbedeutend ist.

Jedes Niederreißen gleicht einer Reinigung, einer Auflösung der Bindungen, bedeutet, reinen Tisch zu machen mit Kritik und Bewertungen. Wie mein Freund Jim es vor kurzem im Anschluß an eine Konferenz formulierte: „Ich schwamm so sehr in Glückseligkeit, daß ich das Beurteilungsformular nicht ausfüllen konnte!“

Allmählich verlangsamen sich die wirbelnden Energien meines Lebens zu einem sanften Tanz. Das ist ungewöhnlich! Ich beginne zu begreifen, daß mein Leben gut ist, wie es ist. Ich muß weder meine Beziehung noch meinen Job, noch meinen Wohnort wechseln, um glücklich zu sein. Ich bin hier glücklich, hier und jetzt. Das Leben kam zu mir, und ich habe es umfangen, einfach und aus der Tiefe meiner selbst.

Ich weiß nicht, was der nächste Augenblick bringen wird, aber das ist unwichtig. Was auch kommen mag, es ist gut. Denn ich habe die Angst bei meinen Werturteilen zurückgelassen. Kein Makel der Vergangenheit haftet an meiner Unschuld. Keine Zukunftserwartung trübt die Freiheit, ich selbst zu sein oder auch dich sein zu lassen. Ich lebe einfach mit der Erkenntnis, daß ich so wie ich bin, okay bin, auch du okay bist, so wie du bist. Und mein Leben ist gut, so wie es ist. Das ist meine Glückseligkeit. Das ist mein Wesenskern.

Der Rest besteht nur aus Größe und Form. Der Rest ist nur die Hülle, die zu dem Staub zerfällt, aus dem sie entstand.

Das Wesenlose kann das Wesen nicht enthalten. Grenzen können das Formlose nicht einschränken. Der beschränkte Geist kann den Geist Gottes nicht in sich tragen.

Aber der Geist Gottes enthält alle Dinge. Er ist ein ewig leerer Kelch. Egal, wieviel Wein wir hineingießen, er ist niemals voll. Das ist der tiefe Segen, zu dem wir alle gelangen. Er ist das Gebet auf unseren Lippen, das vergessene Lied, an das wir uns erinnern, wenn wir einander die Herzen öffnen. Er läßt uns einfach wissen: „Willkommen, Kind Gottes. Der Platz, den du hinterlassen hast, blieb leer und wartete auf deine Rückkehr. Willkommen zuhause."

Neunter Schritt

Die Lektion annehmen

Das Leben bringt mir nie das, was ich erwarte. Wenn es das täte, würde ich nichts lernen. Meine Erwartungen müssen unweigerlich enttäuscht werden, damit ich zu einer tieferen und umfassenderen Wahrheit gelangen kann.

Jede Lektion dient meiner Erweckung, nicht meiner Bestrafung. Solange ich glaube, daß Gott oder das Universum mich strafen will, bin ich unfähig, die Lektion zu akzeptieren und aus ihr zu lernen.

In Wahrheit erhalte ich jede Lektion, um zu wachsen. Wenn ich auf Stützen stehe, kann sie mich zu Boden stürzen, bevor sie mich inspiriert. Aber es ist immer ihr Ziel, mich zu erheben.

Natürlich interpretiere ich in eine Lektion stets das Gegenteil hinein. Auf der Ebene des Egos kann ich ihre Lehre einfach nicht begreifen. Sie führt mich immer über das Ego hinaus.

Wenn ich Bestätigung für mein Ego suche, erhalte ich sie nicht von Gott. Dennoch mache ich meinen Glauben an Gott davon abhängig, ob mein Ego genügend Bestätigung erhält!

Kein Wunder, daß ich enttäuscht werde. Sobald ich glaube, mich von meinen alten Begriffsvorstellungen befreit zu haben, stecke ich wieder mittendrin.

Um die Lektionen zu lernen, brauche ich viel Mitgefühl mit mir selbst. Ich muß mir darüber klarwerden, daß ich meine Wahrnehmung der Wirklichkeit nicht so leicht verändern kann. Könnte ich das, bräuchte ich keine Lektionen zu lernen.

Ich muß also geduldig sein. Ich muß mich in meiner eigenen Geschwindigkeit entwickeln. Es besteht kein Grund zur Eile. Die meisten Lektionen sind nicht leistungsorientiert, sondern wahrnehmungsorientiert. Weder brauche ich mich zu verändern, noch muß ich andere oder die Welt verändern. Ich muß lediglich meine Selbsteinschätzung und die Art ändern, in der ich die Welt wahrnehme.

Wenn ich glaube, die Lektion verlange von mir, anders zu sein, als ich bin, oder etwas zu geben, was ich nicht geben kann, habe ich sie falsch verstanden. Spüre ich Angst, soll ich sie überwinden. Wenn mir etwas eine Last ist, soll ich es ablegen.

Wie die Lektion auch lauten mag, sie ist für mich genau die richtige. Sie fordert mich zu eben den Veränderungen auf, die ich erbringen kann. Sie verlangt niemals mehr, als ich geben kann. Dadurch entsteht Vertrauen.

Je stärker ich einer Lektion vertraue, desto enger arbeiten wir zusammen und desto besser kann ich lernen.

Ich begrüße das Unbekannte anstatt ihm mit Mißtrauen zu begegnen. Ich erkenne, wie es mich erweitert und der Liebe einen größeren Platz einräumt.

Selbstverständlich ist das nicht so einfach, wie es sich anhört. Wenn mein Leben schmerzhaft verläuft, verspanne ich mich automatisch. Ich widersetze mich den Schmerzen, ich bekämpfe den Schmerz, ich beklage mich über den Schmerz. Nur selten nehme ich den Schmerz an und frage nach seiner Botschaft. Ich widersetze mich dem Schmerz aus der Vorstellung heraus, daß der Schmerz mich angreift. Daher versuche ich, ihn auszumerzen. Auf diese Weise vertieft sich der Schmerz lediglich. Ich lerne aus Erfahrung, daß der Weg aus dem Schmerz über Annahme und nicht über Widerstand führt.

Das ist ein ehrfurchteinflößender Widerspruch. Meine Schmerzen lassen sich nur dann auflösen, wenn ich mich nicht länger darum bemühe. Solange ich versuche, die Schmerzen loszuwerden, bleiben sie bestehen.

Der Schmerz ist keine Strafe sondern ein Gespräch. Er zeigt mir, daß etwas schiefläuft. Er fordert mich auf, etwas zu verändern. Er fordert mich auf, ein neues Bewußtsein zu entwickeln.

Auf dieselbe Weise fordert mich jede Lektion auf, mein Herz und meinen Verstand auf neue

Weise zu öffnen. Alte Verteidigungsmechanismen, die für mein Überleben nicht länger notwendig sind, müssen aufgegeben werden. Zentimeter um Zentimeter muß sich der Bereich, der von Angst besetzt ist, für die Umarmung der Liebe öffnen.

Dieser Prozeß geht langsam vonstatten. Niemand verlangt von mir, daß ich mich sofort öffne. Solange ich Fortschritte mache, arbeite ich an meiner Lektion.

Das bedeutet nicht, daß ich keinen Widerstand spüre. Ich stoße immer wieder auf Widerstand. Mein Ziel sollte es nicht sein, keinen Widerstand zu spüren, sondern ihn zu bemerken, sobald er auftaucht und sobald er verschwindet. Auf diese Weise beginne ich zu verstehen, wie meine Gedanken, Gefühle und Vorstellungen mein Leben beeinflussen.

Immer deutlicher erkenne ich, daß es nicht um die Ereignisse in meinem Leben geht, sondern darum, wie ich auf sie reagiere. Wenn ich mich verstärkt um die Verhaltensweisen kümmere, auf die ich Einfluß habe, gebe ich mir Kraft, mit den vielen herausfordernden Situationen des Lebens kreativ umzugehen.

Ich bin nicht länger irgendwelchen unangenehmen, äußeren Kräften ausgesetzt, sondern ein Hauptdarsteller, der den Ausgang der Ereignisse durch seine vertrauensvolle, hoffnungsvolle und überzeugte Einstellung positiv beeinflussen kann. Wenn etwas geschieht, das meinen Frieden beeinträchtigt, erkenne ich, daß meine Lebenseinstellung einen Dämpfer erhalten hat. Wenn ich mir Zeit nehme, um nach innen zu schauen und dabei mein Herz erhebe, erblicke ich um mich herum eine anmutigere und entgegenkommendere Welt.

Im Gegensatz zu unserer alten Vorstellung sind die Ereignisse in unserem Leben niemals festgelegt. Sie bedeuten auch nie das, was wir glauben. Alles ist im Fluß, auch unsere Gedanken und Gefühle. Wenn wir also wirklich verstehen wollen, was in unserem Leben geschieht, müssen wir eine Zeitlang „in der Situation“ bleiben. Wenn ich mir Zeit nehme, mich in das Geschehen einzufühlen, habe ich eine bessere Chance, angemessen zu reagieren.

Das Schlimmste, was mir bei einer Lektion passieren kann, ist, mir direkt Gedanken darüber zu machen, was sie bedeuten soll. Wir müssen in der Situation bleiben, ohne sie zu bewerten oder zu deuten. Wir müssen sie fühlen, ein Gespür dafür bekommen, und sehen, was sich ändert, wenn unsere Gedanken und Gefühle sich verändern.

Bei diesem Prozeß hören wir nach innen. In dem Buch *Focusing* beschreibt Eugene Gendlin eine hilfreiche Schritt-für-Schritt-Methode zur Einstimmung auf unsere tiefe Gefühlsempfänglichkeit. Meditationstechniken können ebenfalls eine Hilfe sein.

Wenn wir uns in einer Problemsituation befinden, versuchen wir nicht, sie zu analysieren oder sie logisch zu betrachten. Denn so versuchen wir, das Problem auf der Ebene anzugehen, auf der es besteht. Das funktioniert nicht. Wir müssen in unseren Körper eintauchen und uns erden. Wir müssen uns von unserem „denkenden Verstand“ zu unserem „fühlenden Verstand“ hinbewegen.

Der fühlende Verstand erfaßt die ganze Situation. Er sucht sich nicht nur einen Teil auf Kosten eines anderen aus. Er versucht nicht zu wählen, denn eine Entscheidung würde den Konflikt nur verschärfen. Er versucht nur, alle Aspekte, alle Gegensätze und alle Widersprüche zu erfassen. Er umfaßt die Situation als Ganzes, ohne sie zu bewerten. Der gesamte Zustand bleibt im Bewußtsein erhalten.

Das zuzulassen ermöglicht eine subtile Veränderung des Bewußtseins. Es geht dann nicht mehr darum, „das Problem zu lösen“ oder zwischen zwei gegensätzlichen Standpunkten zu „wählen“, sondern darum, diese Standpunkte zu überbrücken, indem man nicht mehr glaubt, sie schlössen sich gegenseitig aus.

Dieser Vorgang gleicht den Verhandlungen zwischen zwei zerstrittenen Menschen. Oft bedarf es einer dritten Person, wenn zwei Menschen ihre Probleme lösen wollen. Diese Person – sei es ein Schiedsmann oder Therapeut – wird damit beauftragt, eine gemeinsame Grundlage zu finden, auf der beide Menschen angehört und ihre Bedürfnisse berücksichtigt werden können.

Dieser Vermittler verändert den Ausgangspunkt vom „entweder/oder" in „beides zusammen". Der Vermittler hilft beiden, ein „Wir-Bewußtsein" aufzubauen. Alle Probleme werden im Raum des „wir" gelöst. Tatsächlich existiert das Problem in diesem Raum des „wir" gar nicht mehr. Es wurde nur zum Problem, weil beide es aus der Sicht des Ego betrachtet hatten.

Dasselbe gilt auch für das Bewußtsein selbst. Probleme können nicht von der konfliktgestörten, engen Wahrnehmung des Ego gelöst werden, sondern nur in der erweiterten Sicht des Geistes, die alle Gegensätze einschließt.

Bei einem Problem zu verweilen erfordert eine Wandlung vom „denkenden Verstand" zum „fühlenden Verstand". Dazu gehört auch, sich von einer polarisierenden Geisteshaltung zu lösen, um eine Haltung des Nebeneinander zu entwickeln, die nichts ausschließt.

Frieden – sei es im Geiste, zwischen zwei Individuen oder zwischen zwei Nationen – basiert auf den gleichen Grundsätzen. In allen Fällen gehört dazu die Änderung des Ziels und der Aufmerksamkeit wie auch eine Bewußtseins- und Wahrnehmungsänderung.

Wenn ich gegen eine Lektion ankämpfe, mache ich sie mir zum Feind. Wenn ich sie annehme, wird sie mein Freund. Ich gehe eine Beziehung mit ihr ein, die darüber entscheidet, ob ich ihrer Lehre widerstehe oder daraus lerne und weiterkomme.

Eine Lehre, die das Lernen aus Erfahrung nicht zuläßt, ist keine spirituelle Lektion, sondern eine Form der Indoktrination. Wir lernen alle Lektionen, indem wir Herz und Verstand öffnen. Es geht nicht um starre Konzepte und sittenstrenge Vollkommenheit. Die Grundlage aller Lektionen ist Erfahrung.

Unser Leben ist also ein Lernlabor. Die geistige und emotionale Erfahrung ist das Klassenzimmer, in dem wir lernen, Schuld zuzuschreiben oder Segen zu sprechen, etwas abzulehnen oder anzunehmen, etwas zu kontrollieren oder es gehenzulassen.

Zehnter Schritt

Erkennen, daß alles in Ordnung ist

In *A Course in Miracles* werden wir aufgefordert, „noch einmal zu wählen". Wir werden ermuntert, unsere Wahrnehmung zu ändern und die Dinge anders zu betrachten. Wir werden gebeten, Ungleichheit zu erkennen und Gleichheit zu wählen. Wir werden angehalten, unsere Angst zu erkennen und zu begreifen, daß wir uns Liebe wünschen.

Wenn wir unsere Wahrnehmung nicht ändern können und deshalb nicht erkennen, daß wir uns nach Liebe sehnen, dann werden wir nur gebeten, uns dessen bewußt zu sein. Es reicht aus, es zu erkennen. Es geht um die Erweiterung unseres Bewußtseins.

Solange ich mir bewußt bin, daß ich die Wahl habe, ist es unwichtig, wenn ich mich nicht für die Liebe entscheiden kann. Kannst du das annehmen?

Das Ego möchte sagen: „Du schlechter Mensch. Du hast es wieder vermasselt. Du hast vergessen, dich für die Liebe zu entscheiden. Du wirst es niemals schaffen."

Wir alle kennen diese Stimme. Aber es gibt dahinter noch eine andere Stimme, die sagt: „Es ist in Ordnung. Mach dir keine Sorgen. Sei einfach nur aufmerksam. Du machst das gut."

Wir erkennen sie als Stimme des Geistes, weil sie uns und jeden anderen in diesem Theaterstück respektiert. Weder baut uns der Geist auf Kosten anderer auf, noch macht er uns nieder, um andere aufzuwerten. Er sagt einfach: „In Ordnung. Du hast ihn kritisiert. Er nahm es persönlich und griff dich an. Du hast ihn ebenfalls angegriffen. Nun fühlt ihr euch beide fürchterlich. Sei dir einfach bewußt, was passiert ist. Bewertungen sind überflüssig."

Wenn es nach dem Geist geht, muß ich nicht alles richtig machen, um liebenswert zu sein. Ich bin liebenswert, wenn ich Fehler mache. Ich bin liebenswert, auch wenn ich denselben Fehler zwei- oder dreimal mache. Das gilt gleichermaßen für meine Mitmenschen.

Es gibt einen allgemeingültigen Maßstab, der lautet: „Fehler gehören ebenso zum Lernprozeß wie Vergebung." Wertung und Schuldzuschreibungen sind falsche Auslegungen des Geschehens und dessen, wofür es steht.

Alles, was in unserem Leben geschieht, geschieht aus dem einzigen Grund, die „Hindernisse aus dem Weg zu räumen, die der Allgegenwart der Liebe im Wege stehen". Jede Mühsal, jeder Kampf dient nur der Erweckung. Sie erinnern uns daran, eine neue Entscheidung zu treffen.

Wann immer wir Wut spüren, wann immer wir das Gefühl haben, daß wir zu Unrecht bestraft oder ausgenutzt wurden, müssen wir uns daran erinnern. Es gibt immer etwas zu lernen, etwas loszulassen, etwas, wofür wir dankbar sein können.

Wie kann Liebe ein Angriff sein? Wenn die Grundlage der Schöpfung Liebe ist, muß es auch

Liebe geben, wenn wir uns angegriffen fühlen. Inmitten unseres Leidens ist Frieden möglich. Wir leben ständig in einem Zustand, der uns auffordert, eine Geste der Vergebung zu vollziehen. Jedesmal, wenn wir uns selbst oder einen anderen kritisieren, jedesmal, wenn wir uns fürchten oder angegriffen werden, und jedesmal, wenn wir jemanden angreifen wollen und wir uns zwingen, es nicht zu tun, jedesmal, wenn wir unseren Angriff oder unsere Verteidigung rechtfertigen, werden wir aufgefordert zu vergeben. Aber was bedeutet das?

Es bedeutet, daß ich zuerst meine Gefühle erkennen soll, wie sie auch sein mögen. Vielleicht kenne ich das Gefühl aus der Vergangenheit. Dadurch wird der Augenblick nicht wirklicher als er es damals war.

Wenn ich die Vergangenheit zur Rechtfertigung meines Ärgers hinzuziehe, verstärke ich ihn dadurch umso mehr. Ich muß die Vergangenheit ruhen lassen.

Ich kann die Vergangenheit nicht in die Gegenwart tragen, und ich kann die Gegenwart nicht in die Zukunft tragen. Ich nehme die Gegenwart einfach so, wie sie ist. Das ist Vergebung.

Das ist kein wirklichkeitsfremdes Verhalten. Ich lasse einfach geschehen, was ist. Ich kämpfe nicht dagegen an. Ich versuche nicht, es zu ändern. Ich lasse es einfach zu. Ich gestatte mir, bei mir selbst zu sein, und ich erlaube mir, in der Situation zu sein.

Ich gleiche einem Winzer. Meine Erfahrung ist der Wein. Ich fülle sie in ein Faß der Akzeptanz und lasse sie altern. Mit der Zeit reift die Akzeptanz zu Verständnis. Mit der Zeit wird meine Erfahrung zu einer lebendigen Wahrheit, die mich begleitet und andere inspiriert.

Das verlangt eine Menge Geduld. Es bedeutet, daß ich akzeptieren muß, daß ein reifer Wein wesentlich besser schmeckt. Vereinnahme ich sie zu früh, das heißt, bevor ich damit gelebt habe, kann ich nichts aus meiner Erfahrung lernen. Dadurch werden nur die Lehren der Vergangenheit verstärkt, die vielleicht schon bedeutungslos geworden sein können.

Ich muß erkennen, daß Veränderung nichts Schlechtes ist. Sie ist ein Reifungsprozeß. Wenn ich mich nicht verändere, würde ich nicht reifen. Wenn ich nicht bei meiner Erfahrung bleibe, könnte ich nichts daraus lernen.

Solange ich damit beschäftigt bin, alles so zu erhalten, wie es war, kann ich aus den Lektionen keinen Gewinn ziehen, mit denen mich das Leben immer wieder versorgt. Ich muß bereit sein, mich zu ändern. Aber ich muß mich nicht stolz in dem Glauben wiegen, ich würde die Richtung der geforderten Veränderung kennen.

Denn ich kenne sie nicht. Ich darf sie nicht kennen. Sie kommt aus dem Unbekannten, hinter mir, oder tief aus meinem Inneren. Ich erkenne sie nicht. Sie geht durch mich hindurch und verwandelt mich dabei.

Zu wissen, daß alles in Ordnung ist, bedeutet, dem Prozeß zu vertrauen, was er auch bringen mag. Es bedeutet, daß ich mir der Liebe meines Schöpfers bewußt bin und weiß, daß er mich bei all meinen Seelenqualen nicht verläßt. Die Schöpferkraft mischt sich nicht in meine Lektionen ein, weil sie sie nicht angeordnet hat.

Sie ist einfach bei mir, und ich bin bei ihr. Nicht mehr und nicht weniger.

Elfter Schritt

Blick in den Spiegel

Egal wohin wir uns wenden, wir sehen unseren eigenen Schatten. Manchmal blickt er uns durch das Gesicht unserer Mitmenschen an. Manchmal hüpft er vor uns her, wenn wir mit voller Geschwindigkeit in den Wind hineinrennen.

Unsere Schatten verschwinden nicht. Sie bleiben bei uns. Menschen, die an Geister glauben, liegen gar nicht so falsch. Denn Geister sind Schattenfiguren.

Alles, wovor wir uns fürchten, nimmt irgendeine Form an. Und doch gehört es zu uns. Alles, was sich außerhalb unseres Körpers und Verstandes befindet, bestätigt eine innere Wirklichkeit.

Nimmst du die innere Wirklichkeit ohne ihre Spiegelung im Außen, hast du den Zustand des Todes, einen Zustand ohne Projektion, ein Zustand, in dem Interaktion unnötig wird, weil die Teile des Ganzen nicht länger voneinander getrennt sind.

Aber in dieser Welt gibt es ein Innen und ein Außen. Es gibt ein Bild und seine Spiegelung.

Es gibt einen denkenden und einen fühlenden Verstand. Der fühlende Verstand spiegelt den denkenden Verstand, weil jedes Gefühl die Spiegelung eines Gedanken ist. Oft ist es schwer, das Gefühl vom Gedanken zu trennen, da sie so dicht aufeinander folgen.

Die Psyche gleicht einer Anordnung von Gedanken- und Gefühlsgebilden, die aufs feinste miteinander verflochten sind. Alle Bewußtseinsbereiche überschneiden sich und wirken sich auf die anderen aus. Dadurch verkompliziert sich das Bild nur noch mehr. Es ist sogar unmöglich, die einzelnen Bestandteile der vielfältigen Beziehungen zueinander zu erfassen.

Wir können dagegen erfassen, daß alles, was wir im Außen erblicken, eine Spiegelung unseres inneren Bewußtseinsfeldes bzw. der einzigartigen Ordnung von Gedanken- und Gefühlsgebilden ist. Das Außen wird zu unserem Spiegel. Mancher Blick in den Spiegel kann schmerzhaft sein, aber er ist nicht annähernd so schmerzhaft wie das Wegschauen.

Jeder Mensch, der bei uns auf einen bestimmten Knopf drückt, ist nur eine Verkörperung unseres Schattens. Dieser Mensch hat in unserem Leben keine unabhängige Bedeutung. Häufig tun wir ihm den Gefallen und drücken auch auf seine Knöpfe. Unser Umgang miteinander ist vollkommen befangen. Er gleicht der Beziehung zweier Schatten.

Nur wenn ein Mensch erwacht und begreift, daß es bei dieser Interaktion um seinen eigenen Schatten geht, also zeigt, was er haßt, nicht akzeptieren kann oder wovor er sich fürchtet, dann hört die Spiegelung auf. Dieses Bewußtsein entfernt den Stachel, es zerstört die Projektion. Eine solche Wechselwirkung kann nur mit dem (in der Regel unbewußten) Einverständnis beider Parteien fortgesetzt werden.

Wir blicken nicht in den Spiegel, um dort zu lernen, uns zu hassen, sondern um unsere unterdrückte Kritik zu erkennen. Diese Kritik unterminiert unsere Fähigkeit, uns auch in Beziehungen als Ganzes zu fühlen. Daher ist der Abstieg in die Dunkelheit unserer eigenen Psyche für den Heilungsprozeß wesentlich. Ohne diesen Abstieg können wir nicht zu Lichtträgern werden.

Interessanterweise erfolgt der Abstieg in die Dunkelheit und der nachfolgende Aufstieg ins Licht nicht in linearer Reihenfolge. Die Reise verläuft entlang eines Kreislaufs. Zuerst stelle ich mich der Angst, die ich zuvor verleugnet habe, und bringe sie ans Licht. Schon steigt weitere Angst auf. Klingt das vertraut? Auf jeden Sieg folgt eine neue Herausforderung, die sich aus dem Sieg ergibt.

Wir erweisen uns selbst einen schlechten Dienst, wenn wir unsere spirituellen Prozesse durch die Augen des Egos betrachten. Aus Sicht des

Egos und der Welt sind wir alle klägliche Versager. Ein lineares, schrittweise vorgehendes, zielorientiertes Denken kann die Bedeutung von sich in Kreisläufen abwickelnden Prozessen nicht erfassen. Nur der intuitive, fühlende Verstand begreift die Konzepte der Polarität und der Veränderung.

Insgesamt sind die östlichen Traditionen mit dem fühlenden Verstand viel vertrauter. Aus der taoistischen Lehre stammen das I-Ging, das Tao Te King und andere Meisterwerke spiritueller Erkenntnis, die uns tiefe Einsichten in den Wandlungsprozeß ermöglichen.

Taoisten betrachten die Welt als sich bewegende Energie. Selbst Ideen, die ihren Höhe- oder Tiefpunkt erreicht zu haben scheinen, bewegen sich in Richtung ihres entgegengesetzten Pols. Für den östlichen Verstand entspricht das Leben einem Pendel, das sich vor und zurückbewegt, es ist keine lineare Reise in eine Richtung.

Diese Sichtweise hilft uns bei der Einsicht, daß unser spiritueller Fortschritt nicht daran gemessen wird, wie viele Lehren wir erhalten oder gar wie viele dieser Lektionen wir lernen, sondern an unserer Bereitschaft, in den Spiegel zu blicken, wenn er uns gereicht wird. In *A Course in Miracles* heißt es, daß dieses „bißchen Bereitschaft" genügt.

In dieser Hinsicht schließen wir jedesmal, wenn wir Bereitschaft zeigen, alle unsere Lektionen gleichzeitig mit ein. Jedesmal, wenn wir unsere Herzen öffnen, bekommen wir einen Vorgeschmack davon, wie es ist, wenn wir wirklich offen sind.

Daher ist jede Lektion eine Erweiterung und Vertiefung des Bewußtseins. Der Verstand dehnt sich über seine begrifflichen Grenzen und das Herz über seine emotionalen Beschränkungen hinaus aus. Unbewußtes wird ins Bewußtsein gerückt, alte Wunden können heilen und neuer Glauben und neues Vertrauen entstehen.

Ein Erfolg bringt neue Herausforderungen mit sich. Ein Mißerfolg zieht eine Gelegenheit für eine neue Entscheidung nach sich. Darin ist keinerlei Wertung enthalten.

Persönliche Prozesse besitzen auf der Zeitschiene keinen Anfang und kein Ende. Es fällt uns schwer, das zu verstehen und zu akzeptieren. Aber es ist eine grundlegende Erkenntnis, die wir benötigen, wenn wir immer wieder in den Spiegel blicken wollen, ohne entmutigt oder deprimiert zu werden.

Wenn wir dann oft genug in den Spiegel geblickt haben, entwickeln wir einen „kosmischen Sinn für Humor". Wir versuchen nicht länger, vollkommen zu sein und unser gesamtes Arbeitspensum rechtzeitig zu erledigen. Wir sind mit dem zufrieden, was das Leben uns bringt. Einfach nur mit dem umzugehen, was kommt, ohne uns selbst oder andere dafür fertigzumachen, ist Herausforderung genug.

Und wir sind schlau oder erfahren genug zu wissen, daß wir immer wieder einmal Fehler machen werden. Das heißt, daß wir alles, was wir gelernt haben, vollkommen vergessen und uns völlig unvernünftig verhalten. All unsere schlimmsten Ängste werden wahr. Wir werden beschämt, schokkiert und unser Innerstes wird nach außen gekehrt. Und irgendwie werden wir es überleben, und vielleicht sogar als Geschenk ansehen.

Dann wissen wir wirklich, daß die Reise sich immer im Kreis bewegt. Wir wissen, daß wir in Ordnung sind, egal wo wir scheinbar gerade stehen oder was auch passieren mag. Das führt uns zum letzten Schritt, der, wie wir inzwischen wissen sollten, auch der erste ist.

Zwölfter Schritt

Öffne dein Herz

Der einfachste Weg, dein Herz zu öffnen, besteht darin, jemanden um Hilfe zu bitten oder Hilfe anzubieten. Wenn du Schwierigkeiten hast, bitte um Hilfe. Frage einen Freund. Bitte einen Fremden. Wende dich an Gott. Bitte.

Die Tür zu deinem Herzen kann sich nicht öffnen, wenn du es ihr nicht erlaubst. Wenn du jemanden bittest, ist das eine Erlaubnis. Es ist eine Einladung an den Heiligen Geist, dir zu helfen, die Dinge anders zu betrachten. Es bedeutet eine Einladung für deine Mitmenschen, dich mit Liebe und Verständnis zu überschütten.

„Bitte, und dir wird aufgetan." Dein tiefempfundener Wunsch wird stets erfüllt. Die Antwort mag nicht in der Form erscheinen, die du erwartest, aber sie ist da, wenn du bereit bist, hinzusehen. Das Hinsehen allein eröffnet dir den Weg, die Antwort zu finden.

Suchst du nach Liebe? Dann wirst du sie finden. Wenn du sie nicht sofort findest, suche weiter. Wenn die Liebe nicht deinen Erwartungen entspricht, trenne dich von deinen Erwartungen. Die Liebe ist da, irgendwo. Ändere jede Vorstellung oder Empfindung, die deiner Erkenntnis der allgegenwärtigen Liebe im Weg steht, und du wirst sie sicherlich finden.

Denke daran, daß du keine Liebe finden wirst, wenn du nicht nach ihr suchst. Also halte dich nicht zurück.

Wenn du dein Herz öffnen willst, biete jemandem deine Hilfe an. Es ist egal, ob du dich einem Freund oder einem Fremden näherst. Lasse dich von deiner inneren Stimme lenken. Irgendwo dort draußen ruft jemand nach deiner Liebe. Es geschieht nicht offensichtlich, sondern unauffällig. Und du wirst erkennen, wer es ist.

Biete deine Liebe bedingungslos an. Biete deine Hilfe an, ohne eine Gegenleistung zu erwarten. Das wird dein Herz öffnen. Und es wird die Herzen anderer öffnen.

Jeder von uns besitzt den Schlüssel zur Erlösung. Und wir können ihn einander mit einer Geste des Trostes, einem sanften Wort der Ermutigung reichen. Wir können ihn einander anbieten, indem wir jeden Angriff als Ruf nach Liebe betrachten.

Das Herz öffnet sich, wenn wir uns selbst mit all unseren Gegensätzen, unseren Verpflichtungen und unseren Kämpfen annehmen. Das Herz öffnet sich, wenn wir einen anderen Menschen mit all seinen Kümmernissen und Problemen akzeptieren. Das Herz öffnet sich, wenn wir einfach Liebe anbieten, wie wir es bei einem verletzten Kind tun würden. Und das Herz öffnet sich, wenn das verletzte Kind in uns nach der Liebe greift, die ihm angeboten wird.

Das Öffnen des Herzens ist kein Geheimnis. Es geschieht durch Annahme.

Das Verschließen des Herzens ist kein Geheimnis. Es geschieht durch Kritik. Das Herz ist ein spiritueller Muskel. Er öffnet und schließt sich. Je mehr er arbeitet, desto stärker wird er.

Verurteile dich nicht, wenn du spürst, wie sich dein Herz zusammenzieht. Das geschieht lediglich, damit es sich wieder öffnen kann. Du mußt es ihm nur gestatten.

Lasse den Schmerz kommen und gehen. Lasse alles durch dich hindurchfließen. Atme tief ein und aus. Lasse die Luft hinein und heraus. Sei ein Kanal für das Leben. Widersetze dich dem Einatmen nicht, und halte den Atem nicht an. Lasse den Atem kommen und gehen.

Lasse die Höhen und Tiefen des Lebens an dir vorbeiziehen. Halte an nichts fest. Fürchte dich vor nichts.

Es wird dir nicht gelingen, das Auf und Ab des Lebens zu verändern, wie sehr du dich auch darum bemühst. Es geht weiter, gleichgültig, ob du daran festhältst oder es losläßt.

Wenn du an etwas festhältst, ziehen sich die Muskeln zusammen, wenn du losläßt, entspannen sie sich. Bist du jetzt angespannt? Das ist in Ordnung. Sei dir nur dessen bewußt. In der Erkenntnis selbst liegt die Entspannung.

Um dein Herz zu öffnen, mußt du bereit sein, dem Auf und Ab, dem Zusammenziehen und der Entspannung zu folgen. Erwarte nicht, auf den Wellenkämmen zu reiten, ohne in die Wellentäler zu geraten.

Um dein Herz zu öffnen, mußt du bereit sein, im Hier und Jetzt zu sein. Du mußt nichts „tun". Du mußt einfach nur „sein". Sei bei dir. Sei bei anderen. Sei bei Gott. Das reicht.

Akrobatische Übungen sind schön anzusehen, aber sie sind nicht nötig. Um Liebe zu bekommen, mußt du keine akrobatischen Leistungen vollbringen. Du mußt nur bereit sein, sie zu empfangen. Du mußt nur dazu bereit sein, Liebe zu geben.

Du entscheidest nicht, woher die Liebe kommt,

oder wohin sie geht. Sie kommt einfach und du läßt sie herein. Sie kommt einfach und du läßt sie los. Das Bewußtsein ist ein Kanal für die Liebe, nicht ihr Ursprung.

Je stärker du zu einem Kanal für die Liebe wirst, desto eher erkennst du das. Liebe ist die einzige Macht. Alles, was sich jenseits der Liebe befindet, kann nur ein Gefäß für sie sein.

Liebe ist wirklich. Der Körper und der Verstand bilden nur eine Leitung. Ihre Wirklichkeit besteht in der Erfüllung ihres Zwecks.

Für sich allein genommen sind Körper und Verstand nur eine Ansammlung von Ängsten und Befürchtungen, Erwartungen und Werturteilen. Sie sind eine vorübergehende, selbstzerstörerische Erscheinung. Der Körper wird mit dem Verstand geboren. Er leidet. Und er stirbt. Er erfüllt keinen eigenen Zweck.

Sein einziger Zweck besteht darin, ein Gefäß für die Liebe zu sein. Der Körper gehört der Liebe, der Verstand gehört der Liebe, die Sprache gehört der Liebe, und die Handlungen gehören der Liebe. Der schweigenden und der tanzenden Liebe.

Wenn wir uns durch Annahme unseres Selbst und anderer öffnen, beginnen wir, das zu verstehen.

Während wir um Hilfe bitten und sie anbieten, beginnen wir zu begreifen, daß unser Körper und Geist ein Gefäß für eine unglaublich mächtige Energie bilden. Diese Energie kann nicht gelenkt oder kontrolliert werden. Sie kann aber erfahren werden.

In unserer spirituellen Entwicklung kommen wir an einen Punkt, wo wir diese Konzepte nur zu gut begreifen. Wir brauchen keine weiteren Bücher zu lesen oder neue Workshops zu besuchen. Wir müssen einfach nur unser Wissen im Alltag anwenden.

Auf einer sehr tiefen Ebene stellt dies den Augenblick dar, in dem wir uns unserem spirituellen Weg verpflichten. Alles, was bis zu diesem Punkt geschah, war nur eine Vorbereitung auf diesen Augenblick der Hingabe. Das ist die Feuertaufe, von der Jesus sprach. Es ist der Augenblick, wo wir im Geist wiedergeboren werden.

Nun wird jeder Tag zu einer lebendigen Lehre. Wir verlieren das Bedürfnis nach besonderen Lehrern und besonderen Büchern. Alle unsere Mitmenschen sind unsere Lehrer. Jeder Augenblick unseres Lebens ist die Entfaltung einer tiefgründigen Schrift.

Unsere Freunde sind entgeistert, wenn wir aus all unseren spirituellen Büchern ein Freudenfeuer entfachen. „Weißt du wirklich, was du da tust?"

Die äußere Hülle fällt weg. Das innerste Wesen erblüht. Taten sprechen lauter als Worte.

Wir alle kommen an diesen Punkt, an dem wir einfach in aller Pracht ins Herz eintauchen. Und wir wissen, daß nicht mehr unsere Worte zählen, sondern die Art und Weise, wie wir sie aussprechen. Und es zählt nicht länger, was wir tun, sondern wie wir es tun. Wir wissen, daß all unsere Überzeugungen überhaupt nichts bedeuten, wenn wir nicht durch die Augen, Lippen und Wesenszüge der Liebe sehen, sprechen und handeln.

An diesen Punkt gelangen wir nicht nur einmal, sondern immer wieder. Zuerst fühlen wir uns hier unbehaglich und eilen zurück in die Sicherheit unserer Konzepte und Ziele. Doch mit der Zeit sind wir in der Lage, ein wenig hier zu verweilen und uns emotional wieder aufzuladen. Und schon bald sehnen wir uns nach diesem Ort zurück, wo wir nicht kämpfen müssen. Und wenn wir dort angekommen sind, wollen wir ihn nicht mehr verlassen.

Das ist in Ordnung. Unser Heim ist kein Ort, wo wir immerzu leben. Es ist ein Ort, von dem aus wir losgehen und zu dem wir zurückkehren. Immer und immer wieder.

Unser Heim ist hier, wo wir ohne Unbehagen und unnötige Worte beisammen sein können. Willkommen Bruder. Willkommen Schwester. Ich grüße dich, wenn du eintrittst. Ich grüße dich, wenn du gehst.

Möge es dir gutgehen. Möge dein Leben gesegnet sein.

Vierter Grundsatz

Die Erinnerung an Gottes Liebe

Im Leben gibt es immer wieder Begebenheiten und Umstände, die uns verblüffen, die uns den Boden unter den Füßen wegziehen und uns aus der Geborgenheit reißen. Wir verlieren unsere Arbeit, es stirbt jemand, oder eine Beziehung geht zu Ende. Wir fühlen uns angegriffen, enttäuscht und niedergeschlagen. Wir haben das Gefühl, versagt zu haben.

Jedes scheinbar negative Ereignis in unserem Leben verursacht uns zunächst Schuldgefühle. Und bevor wir es merken, versinken wir in einem gefühlsmäßigen schwarzen Loch. Dort sind wir nichts wert. Gott liebt uns nicht. Keiner kümmert sich um uns. Unser Leben ist leer und bedeutungslos.

Wer war nicht schon einmal an diesem Ort?

Dort hausen nicht nur die unerfüllten Erwartungen, sondern auch die existentielle Trauer; es ist der Ort außerhalb des Gartens, wo unsere Tränen im Schatten dessen, was hätte sein können, lang und ausdauernd fließen. Dies ist der Ort der alten, allen gemeinsamen Wunden.

Wir wissen es nicht, aber es ist unsere Nähe zum Göttlichen, um die wir trauern. Unsere Verbindung zu Mutter/Vater ist ausgedünnt und verschlissen. Unser Gefühl der Trennung verstärkt sich, je stärker wir versuchen, unser Leben zu beeinflussen. Solange wir uns auf den scheinbar leeren Teil unseres Lebens konzentrieren, zerstückeln wir uns weiter.

Wir rufen aus unserer Einsamkeit heraus und erwarten nicht, gehört zu werden. Und doch wendet sich genau in diesem Augenblick der Verletzung und des gepeinigten Schweigens unsere göttliche Mutter/unser göttlicher Vater uns zu. Wir sind leer, bereit zuzuhören. Wir kommen gedemütigt und greifen nach ihnen. Wir kommen hoffend, aller Hoffnung zum Trotz. Wir kommen mit der Erkenntnis, daß es hier etwas geben muß, aber wir wissen nicht, was es ist.

Wenn du diesen Ort nicht kennst, kann ich ihn dir nicht beschreiben. Wenn du dort gewesen bist und nicht gespürt hast, wie sich durch den Schmerz hindurch etwas in deinem Inneren geregt hat, eine Wärme und ein Flügelrauschen, dann kann ich dir nicht helfen.

Dies ist ein Ort, an den sich jeder von uns alleine begeben muß. Dies ist der Raum, den keiner verläßt, ohne verwandelt zu werden.

An diesem Punkt des Zusammenbruchs werden die Flügel geschient. Alte Schmerzen werden geläutert. Der bodenlose Kelch der Schuld wird ausgeleert. Die Dunkelheit wird zur Mitternacht und dann zur Morgendämmerung. Auf der Haut zeigt sich der Blutfleck der im Herzen verschlossenen Wunde. Ein Körper erscheint am Kreuz.

Männer und Frauen sind nicht auf Erden, um zu leiden, sondern um das Leid loszulassen. Manche glauben, dies ließe sich durch Verweigerung erreichen. Sie werden herausfinden, daß das unmöglich ist.

Der Weg zur Freude führt durch das Leid. Auf diesem Weg stolpert man unverhofft über das einzige Werkzeug, das sich auf dieser Reise anbietet. Zu Anfang verstehen wir nicht einmal, daß es sich um ein Werkzeug handelt.

In meinen Schmerzen finde ich Vergebung. In meinen Schmerzen finde ich Gottes Liebe. Das geschieht erst, wenn ich es zulasse. Das kann lange Zeit dauern, aber wenn ich danach greife, erkenne ich die mögliche Erlösung. Wenn ich dieser unsichtbaren Gegenwart mein Herz öffne, spüre ich, wie sie sich mit mir vereint. Ich spüre, wie sie mir auf die Füße hilft. Ich spüre, wie sie mir zur Seite steht und neben mir geht und mich auf meiner Reise führt.

Manche finden dieses Werkzeug nie. Sie enthalten anderen das vor, was sie sich selbst geben sollten. Sie schauen in den Spiegel, ohne das Bild zu erkennen, das ihnen entgegenblickt. Und sie enthalten sich selbst das vor, was sie anderen geben sollten. Sie zerbrechen den Spiegel und benutzen die Scherben, um sich ihren Weg freizuschneiden.

Aber Freiheit kann man nicht mit Krallen erringen. Zu jeder Kralle gehört ein Flügel, an den wir uns undeutlich erinnern, ein Flügel, der darauf wartet, in der Abgeschiedenheit des Herzens erprobt zu werden. Jede Seele hat eine Verabredung mit Gott.

Von dem Augenblick an, in dem diese Begegnung stattgefunden hat, wissen wir endlich, daß wir nicht alleine sind. Wir erkennen, daß all unser Schmerz, unser Getrenntsein, unsere Schuldgefühle und unsere Scham nur Selbsttäuschung ist. Wir wissen, daß wir geliebt werden und daß wir immer geliebt wurden.

Dann entfernen wir uns aus der Intensität dieses Augenblicks. Unser Leben wird wieder überschaubar. Unser Horizont verengt sich. Wir ziehen die ausgestreckten Hände zurück. Unsere Aufmerksamkeit wandert. Wir sind ruhelos. Wir sind gelangweilt. Wir müssen eine neue Krise heraufbeschwören. Wir müssen aufs Eis gehen, damit wir erneut zu Boden stürzen können.

Wir müssen dieses Spiel nicht zu Ende spielen. Aber wir tun es. Unsere „kleine Bereitschaft" ist an unsere Schmerzen gebunden, wir vergessen, daß es unmöglich ist, unser Leben zu kontrollieren. Wenn wir nicht tief in unserem Innersten berührt werden, hören wir nicht auf zu glauben, daß wir alles unter Kontrolle haben und daß wir wissen, was wir tun.

Nichts könnte von der Wahrheit weiter entfernt sein. Das ist die Lektion aus all unseren Schmerzen und Leiden. Das ist die Lektion der Täuschung. Wir scheinen alles zu kontrollieren, aber wir tun es nicht. Wir glauben zu wissen, was wir brauchen, aber das tun wir nicht.

Alles, wonach wir streben, alles, was wir wahrnehmen, ist voll mit der Leere, die wir mitbringen. Wir suchen nach Fülle, aber finden sie nicht, weil sie nicht außerhalb von uns selbst existiert. Und sie ist auch kein Teil unserer Ego-Mentalität. Sie ist kein Teil der Suche und der Gesetze der Suche. Sie gehorcht den Gesetzen der Leere nicht.

Begreifst du allmählich? Jeder Verlust, jeder Schmerz führt dich zu der leeren Stelle, an der Gott wohnt und auf uns wartet. Wenn wir diese Stelle füllen wollen, wird die göttliche Gegenwart dem immer nachkommen. Jede Sucht, jede Erwartung oder jede Überzeugung, die sich zwischen uns und Gott stellt, fordert diesen Ort der Stille. Wenn wir bei Gott sein wollen, müssen wir mit leeren Händen und freiem Kopf an diesen Ort kommen, wo wir uns aufhalten und zuhören können. Mit der Zeit begreifen wir das. Dieser Ort, so wird uns klar, ist kein Platz im Außen, sondern in unserem Innern.

Wir finden ihn weder in einem Meditationsraum noch in der Kirche, sondern in dem kurzen Augenblick, der durch unsere Absicht geweiht wird. Lassen wir es zu, öffnet er sich, wenn wir bestürzt sind und um Hilfe bitten. Wenn wir aus unserer Routine herausgekommen sind, herausgeworfen, umgeworfen, bereit für Hilfe sind, dann steht der Tempel offen.

In dem Augenblick der emotionalen Umwälzung, wenn wir aus irgendeinem Grund unseren inneren Frieden verloren haben, müssen wir nur alles hinter uns lassen und eintreten. Wir müssen nur unsere kritischen Gedanken, die Versuchung, etwas zu bewerten, oder das, was wir sehen, zu deuten, zurücklassen. Wir müssen nur unsere Wahrnehmungen hinter uns lassen und eintreten.

Denn „nichts von dem, was wir erblicken, bedeutet etwas. Wir selbst versehen alles mit der Bedeutung, die es für uns hat". Wir glauben zu wissen, was es ist, aber wir wissen es nicht. Wir glauben zu wissen, wer wir sind, aber wir wissen es nicht. Wir wissen gar nichts. Wir wissen nichts. Nackt begeben wir uns ins Herz. Mit leeren Händen und freiem Kopf betreten wir den Ort des Schweigens.

Im Bewußtsein von Gottes Liebe zu leben heißt, sich damit auseinanderzusetzen, daß wir vollkommen unfähig sind, etwas selbst zu verstehen. Es bedeutet, unseren Wunsch nach Kontrolle aufzugeben. Es bedeutet, darauf zu vertrauen, daß alles, was uns widerfährt, einen Grund hat, auch wenn er nicht zu erkennen ist. Alles, was in meinem Leben geschieht, ist ein stiller Segen, auch wenn ich nicht in der Lage bin, ihn als solchen zu empfinden.

Wenn ich verletzt bin, laßt mich der Liebe Gottes gedenken. Laßt mich nicht bewerten, beurteilen oder glauben, ich wüßte warum. Laßt mich weder angreifen noch verteidigen, weder leugnen noch rechtfertigen. Laßt mich einfach der Liebe Gottes gedenken. Das ist alles, was ich brauche. Mehr gibt es nicht.

Anstelle der Täuschung laßt mich diese einfache Wahrheit erkennen. Angesichts von Gottes Macht in mir, verblasst alles andere. Alles wonach ich mich sehne wird angesichts dieser alles durchdringenden Liebe, die mich und dich und alle, die sich ihr öffnen, erfüllt.

Anstelle von Machtspielen gebe ich mich dieser einfachen Wahrheit hin. Gott liebt dich und mich zu gleichen Teilen. Wie kann es da für einen von uns Sieg oder Niederlage geben?

Anstelle des Spiels mit Schuldgefühlen, laßt mich daran denken, daß ich genauso unschuldig bin wie du. Was ich auch getan habe, was du auch mir getan hast, wird vergeben. Vor den Augen Gottes hat es sogar niemals stattgefunden. Es war nur die Illusion unseres Spiels.

Angriff, Mord, Vergewaltigung, Mißbrauch jeglicher Art – glaubt ihr, daß Gott diese Dinge versteht? Glaubt ihr, daß solche Verzweiflungstaten für den König der Liebe wirklich sind?

Wenn dem so wäre, würde er mit Vergeltung antworten, er würde Feuer auf uns regnen und uns das Fleisch herausreißen lassen, um uns für unsere Sünden zu bestrafen. Wenn er das täte, wäre er kein Gott der Liebe mehr. Die Wahrheit wäre relativ. Gewalt gehörte zu Gott, und wir würden sein Erbe antreten.

Sind wir die Kinder eines zornigen Gottes? Falls ja, könnten wir aus diesem Tal der Tränen nicht erlöst werden. Falls ja, gäbe es nur die Täuschung.

Was du von Gott glaubst, glaubst du von dir selbst und deinen Mitmenschen. Das muß klar erkannt werden.

Wenn du das Böse in Gestalt Gottes über dich erhebst, stellst du es in Form von Sünde, Schuld- und Schamgefühlen unter dich und wirst es in allen Gesichtern, die dir in deinem Leben begegnen, wiederfinden.

Möchtest du mit dem Bösen gehen oder mit dem Guten? Diese Entscheidung triffst du selbst. Die eine Wahl bestätigt die Täuschung, die andere durchdringt den Schleier und bringt dich zur Wahrheit.

Im Bewußtsein von Gottes Liebe zu leben bedeutet, daß dir niemals etwas Schlechtes widerfährt, denn wie sollte der Tochter oder dem Sohn Gottes etwas Schlechtes widerfahren? In Wahrheit ist das unmöglich.

Es geschehen Dinge, die schlecht aussehen, aber ich weiß nicht, was sie bedeuten. Ich bin nicht in der Lage, sie zu beurteilen. Ich bin unschuldig und frei. Denn derjenige, der es weiß, führt mich durch diesen Tag, diese Stunde, diesen Augenblick der Tränen oder der stillen Trauer.

Etwas Schlechtes scheint zu geschehen, und ich ertappe mich dabei, daß ich die Schuld dafür auf mich nehmen oder sie dir zuschieben möchte. Aber dann erkenne ich, daß mein Verstand auf Autopilot geschaltet hat und abzuschätzen versucht, was weder gut noch schlecht ist. Daher lasse ich es einfach zu. Ich leugne nichts. Ich rechtfertige nichts. Ich erlaube den Dingen, einfach so zu sein, wie sie sind. Und ich sage: „Zeige mir den Weg nach Hause. Ich habe meinen Frieden verloren."

Mein Leben ist ein Gebet um Frieden. Mein Leben ist ein Gebet um Wahrheit. In der scheinbaren Abwesenheit der Liebe rufe ich nach ihr, ohne mich zu schämen. Denn was ich möchte, ist Liebe, und was ich brauche, ist Liebe.

Jeder von uns sei gesegnet, denn wir gehen langsam in Richtung Licht. Wir gehen durch die dunklen Stellen. Wir gehen durch unseren Schmerz hindurch. Wir gehen durch unsere Trauer, unsere Schuldgefühle und unser Leiden.

Das ist unsere Reise durch die Dunkelheit. Wir nähern uns dem Augenblick des ersten Lichtes mit dem Vertrauen, das ihn ins Leben ruft. Der Liebende ruft nach der Geliebten und die Geliebte erscheint. Sie trägt uns auf dem Rücken zu ihrem und unserem Vater, dem Träger des Lichts, und sie führt uns aus der Dunkelheit heraus.

Fehler bleiben bestehen, aber werden schließlich vergeben. Makel werden von der Flut der Annahme und Liebe reingewaschen. Das ist die „Reise ohne Entfernung“, die „Reise ohne Anfang und Ende“, die „Reise, die nicht verurteilt“, sondern uns daran erinnert, daß wir immer frei waren. Frei zu lernen und frei zu vergeben.

Es kommt nicht auf die äußere Schale an, sondern auf das, was sich darin befindet. Und in der Form befindet sich eine sanfte Gegenwart, die sagt: „Dies ist mein Sohn oder meine Tochter, mit der ich sehr zufrieden bin.“ Innerhalb dieser Form befindet sich jene bedingungslose Liebe, die das Universum zusammenhält, die Blumen in der Frühlingsluft erblühen und die Wellen immerfort an den Strand spülen läßt. Innerhalb dieser Form befindet sich, was sich über sie hinausdehnt, wie ein Atem, der uns atmet, uns liebt, uns uns selbst hingibt.

Es gibt nur eine Blume, nur einen Ozean, einen Gedanken. Und wir gehören dazu, jetzt und in Ewigkeit. Laßt uns daran denken.

Erinnern wir uns daran.

Namaste

Miracles Community Network
Das Netzwerk der Wunder

Das Netzwerk der Wunder (*Miracles Community Network,* MCN) ist ein gemeinnütziger Verein mit dem Ziel, Schüler des *Course in Miracles* („Ein Kurs in Wundern") in einer Gemeinschaft und zu einem Dialog der Herzen zusammenzuführen. Zu diesem Zweck sponsert MCN Konferenzen, Seminare und Retreats, die *Miracle*-Schüler und -Lehrer aus der ganzen Welt zum Gedankenaustausch zusammenbringen. Dabei werden auch Geschichten von Wundern erzählt, die unser Wissen vertiefen und den Prozeß der Vergebung verdeutlichen.

Das *Miracles Community Network* begrüßt als Mitglieder alle Schüler und Organisationen, die sich einer offenen und liebevollen Diskussion der Themen unserer weltweiten Gemeinschaft widmen. MCN schätzt die Vielfalt unserer Gemeinschaft und begrüßt sie. Wir lehnen die Vorstellung ab, daß es nur „einen richtigen Weg" gibt, den *Course in Miracles* zu erleben und zu praktizieren. Gerade durch die Vielzahl von Perspektiven in den Publikationen und Veranstaltungen der Gemeinschaft bietet MCN seinen Schülern die nötigen Informationen, anhand derer sie ihre eigene Wahl treffen können, wie sie den Weg beschreiten wollen.

Das *Miracles Community Network* unterstützt seine Mitglieder in der Zusammenarbeit bei einer großen Bandbreite verschiedener Projekte, die den Einsatz ihrer Fähigkeiten und schöpferischen Begabungen ermöglichen. Schriftsteller, Musiker, Fotografen, Programmierer, Körpertherapeuten, Designer, Tänzer u.a. haben bereits an Veranstaltungen und Projekten des MCN teilgenommen. Viele Mitglieder haben gemeinsame Lieder, Artikel, Bücher und Kassetten verfaßt. Der schöpferische Ausstoß und der wunderbare Prozeß des Teilens sind überwältigend.

Wir laden euch ein, an unseren Projekten und Gemeinschaftsarbeiten mitzuwirken.

Weitere Informationen:

The Miracles Community Network
P.O. Box 418
Santa Fe, NM 87504-0418

Weitere Bücher von Paul Ferrini im Schirner Verlag

Paul Ferrini

Dem Glück auf der Spur

Das Glück des Augenblicks liegt in deiner Hand

160 S., Paperback

€ 10,50* (DM 20,53/öS 151,–**)

sFr 19,–

ISBN 3-930944-67-7

Wenn wir aufhören, in unserem Leben nach Fehlern zu suchen, können wir es erfüllter leben. Dann bewegt sich unser Leben mit Kraft, Zielgerichtetheit und Integrität. Nichts fehlt, nichts ist verbesserungsbedürftig, nichts kaputt. Es ist vollkommen, so wie es ist.

Paul Ferrini

Zusammen Wachsen

Schitte zum liebevollen Miteinander

172 S., Paperback

€ 10,50* (DM 20,53/öS 151,–**)

sFr 19,–

ISBN 3-930944-82-0

Sieben Regeln für eine faire Partnerschaft sind hier knapp aber tiefgehend formuliert, womit Sie das Werkzeug an die Hand bekommen, Ihre Beziehungen zu überprüfen und, wo nötig, zu korrigieren.

Paul Ferrini

Leben in Hingabe

Wie man sein Herz öffnet und darin wohnen bleibt

120 S., Paperback

€ 10,50* (DM 20,53/öS 151,–**)

sFr 19,–

ISBN 3-930944-92-8

„Wenn ich in diesem Buch über Hingabe spreche, geht es darum, das Ego-Bewußtsein aufzugeben, die Trennung von Herz und Verstand zu überbrücken und eine Bewußtheit zu entwickeln, die größer ist und umfassender."

*Gilt nur für BRD. **unverbindl. Preisempfehlg.